Themen

Lehrwerk für Deutsche Fremdsprache

1

Sprechübungen
Textheft

von
Ursula Wingate

Max Hueber Verlag

€   3.   2.   1.   Die letzten Ziffern bezeichnen
2005   04   03   02   01   Zahl und Jahr des Druckes.
Alle Drucke dieser Auflage können, da unverändert,
nebeneinander benutzt werden.
3. Auflage 2001
© 1994 Max Hueber Verlag, D-85737 Ismaning
Umschlagfoto: Rainer Binder, Bavaria Bildagentur, Gauting
Druck: Druckhaus am Kitzenmarkt, Augsburg
Printed in Germany
ISBN 3-19-211521-1

Lektion 1

Lektion 1, Übung 1

Entschuldigung, sind Sie Herr Miller?
(Röder)
Nein, mein Name ist Röder.
Nein, mein Name ist Röder.
Nein, mein Name ist Röder.

Entschuldigung, sind Sie Herr Miller?
(Röder)
Nein, mein Name ist Röder.

Entschuldigung, sind Sie Frau Röder?
(Koch)
Nein, mein Name ist Koch.

Entschuldigung, sind Sie Frau Röder?
(Kaufmann)
Nein, mein Name ist Kaufmann.

Entschuldigung, sind Sie Herr
Kaufmann?
(Hoffmann)
Nein, mein Name ist Hoffmann.

Entschuldigung, sind Sie Herr Bode?
(Biro)
Nein, mein Name ist Biro.

Entschuldigung, sind Sie Herr Bode?
(König)
Nein, mein Name ist König.

Lektion 1, Übung 2

Ich heiße Helmut Schneider.
Guten Tag, Herr Schneider, wie geht
es Ihnen?
Guten Tag, Herr Schneider, wie geht
es Ihnen?
Guten Tag, Herr Schneider, wie geht
es Ihnen?

Ich heiße Christian.
Guten Tag, Christian, wie geht es dir?
Guten Tag, Christian, wie geht es dir?
Guten Tag, Christian, wie geht es dir?

Ich heiße Helmut Schneider.
Guten Tag, Herr Schneider, wie geht
es Ihnen?

Ich heiße Christian.
Guten Tag, Christian, wie geht es dir?

Ich heiße Anna Lüders.
Guten Tag, Frau Lüders, wie geht es
Ihnen?

Ich heiße Brigitte Koch.
Guten Tag, Frau Koch, wie geht es
Ihnen?

Ich bin die Luisa.
Guten Tag, Luisa, wie geht es dir?

Ich heiße Paul Röder.
Guten Tag, Herr Röder, wie geht es
Ihnen?

Ich heiße Hans Abel.
Guten Tag, Herr Abel, wie geht es
Ihnen?

Ich heiße Peter.
Guten Tag, Peter, wie geht es dir?

Lektion 1, Übung 3

Ich heiße Lüders.
Entschuldigung, wie heißen Sie?
Lüders?
Entschuldigung, wie heißen Sie?
Lüders?
Entschuldigung, wie heißen Sie?
Lüders?

Ich heiße Luisa.
Entschuldigung, wie heißt du? Luisa?
Entschuldigung, wie heißt du? Luisa?
Entschuldigung, wie heißt du? Luisa?

3

Ich heiße Lüders.
Entschuldigung, wie heißen Sie?
Lüders?

Ich heiße Luisa.
Entschuldigung, wie heißt du? Luisa?

Mein Name ist Fischer.
Entschuldigung, wie ist Ihr Name?
Fischer?

Ich heiße Herzog.
Entschuldigung, wie heißen Sie?
Herzog?

Mein Name ist Koch.
Entschuldigung, wie ist Ihr Name?
Koch?

Ich heiße Christian.
Entschuldigung, wie heißt du?
Christian?

Mein Name ist Röder.
Entschuldigung, wie ist Ihr Name?
Röder?

Ich heiße Sabine.
Entschuldigung, wie heißt du?
Sabine?

Lektion 1, Übung 4

Lüders? Buchstabieren Sie bitte.
L-ü-d-e-r-s.
L-ü-d-e-r-s.
L-ü-d-e-r-s.

Lüders? Buchstabieren Sie bitte.
L-ü-d-e-r-s.

Koch? Buchstabieren Sie bitte.
K-o-c-h.

Röder? Buchstabieren Sie bitte.
R-ö-d-e-r.

Sauer? Buchstabieren Sie bitte.
S-a-u-e-r.

Fischer? Buchstabieren Sie bitte.
F-i-s-c-h-e-r.

Herzog? Buchstabieren Sie bitte.
H-e-r-z-o-g.

Lektion 1, Übung 5

Woher kommt Herr Meier?
(Deutschland)
Er kommt aus Deutschland.
Er kommt aus Deutschland.
Er kommt aus Deutschland.

Woher kommt Herr Meier?
(Deutschland)
Er kommt aus Deutschland.

Woher kommt Shirley?
(Großbritannien)
Sie kommt aus Großbritannien.

Woher kommt Herr Faivre?
(Frankreich)
Er kommt aus Frankreich.

Woher kommt Luisa Tendera?
(Italien)
Sie kommt aus Italien.

Woher kommt Herr Ergök?
(Türkei)
Er kommt aus der Türkei.

Woher kommt Peter Miller?
(USA)
Er kommt aus den USA.

Woher kommt Herr Faharani?
(Iran)
Er kommt aus dem Iran.

Lektion 1, Übung 6

Herr Meier, sind Sie aus Deutschland?
(USA)
Ja, aber jetzt lebe ich in den USA.
Ja, aber jetzt lebe ich in den USA.
Ja, aber jetzt lebe ich in den USA.

Herr Meier, sind Sie aus Deutsch-
land?
(USA)
Ja, aber jetzt lebe ich in den USA.

Shirley, bist du aus Großbritannien?
(Holland)
Ja, aber jetzt lebe ich in Holland.

Frau Osawa, sind Sie aus Japan?
(Schweiz)
Ja, aber jetzt lebe ich in der Schweiz.

Herr Miller, sind Sie aus den USA?
(China)
Ja, aber jetzt lebe ich in China.

Levent, bist du aus der Türkei?
(Deutschland)
Ja, aber jetzt lebe ich in Deutschland.

Herr Bergström, sind Sie aus
Schweden?
(Österreich)
Ja, aber jetzt lebe ich in Österreich.

Lektion 1, Übung 7

Entschuldigung, ist da 28 38 20?
Ja, hier ist 28 38 20.
Ja, hier ist 28 38 20.
Ja, hier ist 28 38 20.

Entschuldigung, ist da 28 38 20?
Ja, hier ist 28 38 20.

Entschuldigung, ist da 92 85 26?
Ja, hier ist 92 85 26.

Entschuldigung, ist da 34 31 68?
Ja, hier ist 34 31 68

Entschuldigung, ist da 65 82 88?
Ja, hier ist 65 82 88.

Entschuldigung, ist da 50 54 07?
Ja, hier ist 50 54 07.

Entschuldigung, ist da 89 90 15?
Ja, hier ist 89 90 15.

Lektion 1, Übung 8

Ich heiße Martin Abel.
Noch einmal, bitte. Wie heißen Sie?
Noch einmal, bitte. Wie heißen Sie?
Noch einmal, bitte. Wie heißen Sie?

Meine Adresse ist Schlossstraße 10,
Freiburg.
Noch einmal, bitte. Wie ist Ihre
Adresse?
Noch einmal, bitte. Wie ist Ihre
Adresse?
Noch einmal, bitte. Wie ist Ihre
Adresse?

Ich heiße Martin Abel.
Noch einmal, bitte. Wie heißen Sie?

Meine Adresse ist Schlossstraße 10,
Freiburg.
Noch einmal, bitte. Wie ist Ihre
Adresse?

Mein Vorname ist Martin.
Noch einmal, bitte. Wie ist Ihr
Vorname?

Mein Familienname ist Abel.
Noch einmal, bitte. Wie ist Ihr
Familienname?

Ich wohne in Freiburg.
Noch einmal, bitte. Wo wohnen Sie?

Ich bin Reiseleiter.
Noch einmal, bitte. Was sind Sie?

Lektion 1, Übung 9

Die Postleitzahl von Olpe ist 57462.
Ich wiederhole: 57462 Olpe.
Ich wiederhole: 57462 Olpe.
Ich wiederhole: 57462 Olpe.

Die Postleitzahl von Olpe ist 57462.
Ich wiederhole: 57462 Olpe.

Die Postleitzahl von Uelzen ist 29525.
Ich wiederhole: 29525 Uelzen.

Die Postleitzahl von Biberach ist
77781.
Ich wiederhole: 77781 Biberach.

Die Postleitzahl von Landstuhl ist
66849.
Ich wiederhole: 66849 Landstuhl.

Die Postleitzahl von Furtwangen ist
78120.
Ich wiederhole: 78120 Furtwangen.

Die Postleitzahl von Gomaringen ist
72810.
Ich wiederhole: 72810 Gomaringen.

Lektion 1, Übung 10

Habt ihr ein Hobby?
(Tennis spielen)
Ja, wir spielen gern Tennis.
Ja, wir spielen gern Tennis.
Ja, wir spielen gern Tennis.

Hast du ein Hobby?
(Lesen)
Ja, ich lese gern.
Ja, ich lese gern.
Ja, ich lese gern.

Habt ihr ein Hobby?
(Tennis spielen)
Ja, wir spielen gern Tennis.

Hast du ein Hobby?
(Lesen)
Ja, ich lese gern.

Hast du ein Hobby?
(Klavier spielen)
Ja, ich spiele gern Klavier.

Habt ihr ein Hobby?
(Surfen)
Ja, wir surfen gern.

Hast du ein Hobby?
(Sprachen lernen)
Ja, ich lerne gern Sprachen.

Hat Herr Koch ein Hobby?
(nein, viel arbeiten)
Nein, er arbeitet viel.

Lektion 1, Übung 11

Sind Sie Fotograf?
(Lehrer)
Fotograf? Ich bin doch Lehrer.
Fotograf? Ich bin doch Lehrer.
Fotograf? Ich bin doch Lehrer.

Ist Frau Heinemann Ingenieurin?
(Ärztin)
Ingenieurin? Sie ist doch Ärztin.
Ingenieurin? Sie ist doch Ärztin.
Ingenieurin? Sie ist doch Ärztin.

Sind Sie Fotograf?
(Lehrer)
Fotograf? Ich bin doch Lehrer.

Ist Frau Heinemann Ingenieurin?
(Ärztin)
Ingenieurin? Sie ist doch Ärztin.

Sind Sie Hausfrau?
(Sekretärin)
Hausfrau? Ich bin doch Sekretärin.

Ist Martin Student?
(Automechaniker)
Student? Er ist doch Automechaniker.

Ist Sabine Studentin?
(Reiseleiterin)
Studentin? Sie ist doch Reiseleiterin.

Sind Sie Grafikerin?
(Lehrerin)
Grafikerin? Ich bin doch Lehrerin.

Lektion 1, Übung 12

Und jetzt Sie: Wie ist Ihr Name?
Woher kommen Sie?
Wo wohnen Sie jetzt?
Was sind Sie von Beruf?
Sind Sie verheiratet?
Haben Sie Kinder?
Wie ist Ihre Adresse?
Wie ist Ihre Telefonnummer?
Lernen Sie schon lange Deutsch?
Haben Sie Hobbys?

Lektion 2, Übung 1

Ist das eine Taschenlampe?
Ja, das ist meine Taschenlampe.
Ja, das ist meine Taschenlampe.
Ja, das ist meine Taschenlampe.

Ist das eine Taschenlampe?
Ja, das ist meine Taschenlampe.

Ist das ein Radio?
Ja, das ist mein Radio.

Ist das eine Uhr?
Ja, das ist meine Uhr.

Ist das ein Fotoapparat?
Ja, das ist mein Fotoapparat.

Ist das ein Kugelschreiber?
Ja, das ist mein Kugelschreiber.

Ist das ein Taschenrechner?
Ja, das ist mein Taschenrechner.

Ist das ein Fernsehapparat?
Ja, das ist mein Fernsehapparat.

Lektion 2

Lektion 2, Übung 2

Ist das Ihre Kamera?
Nein, das ist nicht meine Kamera.
Nein, das ist nicht meine Kamera.
Nein, das ist nicht meine Kamera.

Ist das Ihre Kamera?
Nein, das ist nicht meine Kamera.

Ist das Ihr Stuhl?
Nein, das ist nicht mein Stuhl.

Ist das Ihre Bürolampe?
Nein, das ist nicht meine Bürolampe.

Ist das Ihr Taschenrechner?
Nein, das ist nicht mein Taschenrechner.

Ist das Ihr Bett?
Nein, das ist nicht mein Bett.

Ist das Ihre Kassette?
Nein, das ist nicht meine Kassette.

Ist das Ihr Telefon?
Nein, das ist nicht mein Telefon.

Ist das Ihr Abfalleimer?
Nein, das ist nicht mein Abfalleimer.

Lektion 2, Übung 3

Das ist ein Regal.
Das ist doch kein Regal!
Das ist doch kein Regal!
Das ist doch kein Regal!

Das ist ein Regal.
Das ist doch kein Regal!

Das ist eine Schublade.
Das ist doch keine Schublade.

Das ist ein Kühlschrank.
Das ist doch kein Kühlschrank.

Das ist eine Glühbirne.
Das ist doch keine Glühbirne.

Das ist ein Waschbecken.
Das ist doch kein Waschbecken.

Das ist eine Mine.
Das ist doch keine Mine.

Das sind Steckdosen.
Das sind doch keine Steckdosen.

Das sind Küchenschränke.
Das sind doch keine Küchenschränke.

Lektion 2, Übung 4

Sind da auch Stühle?
Da ist nur ein Stuhl.
Da ist nur ein Stuhl.
Da ist nur ein Stuhl.

Sind da auch Stühle?
Da ist nur ein Stuhl.

Sind da auch Waschbecken?
Da ist nur ein Waschbecken.

Sind da auch Lampen?
Da ist nur eine Lampe.

Sind da auch Regale?
Da ist nur ein Regal.

Sind da auch Steckdosen?
Da ist nur eine Steckdose.

Sind da auch Betten?
Da ist nur ein Bett.

Sind da auch Schränke?
Da ist nur ein Schrank.

Sind da auch Abfalleimer?
Da ist nur ein Abfalleimer.

Lektion 2, Übung 5

Das ist Peter Hoffmann.
Wer ist das?
Wer ist das?
Wer ist das?

Er ist Mechaniker.
Was ist er?
Was ist er?
Was ist er?

Das ist ein Elektroherd.
Was ist das?
Was ist das?
Was ist das?

Das ist Peter Hoffmann.
Wer ist das?

Er ist Mechaniker.
Was ist er?

Das ist ein Elektroherd.
Was ist das?

Das ist die Reiseleiterin, Frau Sauer.
Wer ist das?

Das ist eine Lampe.
Was ist das?

Das ist Lea.
Wer ist das?

Christian und Lea sind Studenten.
Was sind sie?

Das ist meine Adresse.
Was ist das?

Lektion 2, Übung 6

Wo ist der Topf?
Hier sind zwei Töpfe.
Hier sind zwei Töpfe.
Hier sind zwei Töpfe.

Wo ist der Topf?
Hier sind zwei Töpfe.

Wo ist die Spüle?
Hier sind zwei Spülen.

Wo ist die Waschmaschine?
Hier sind zwei Waschmaschinen.

Wo ist der Stecker?
Hier sind zwei Stecker.

Wo ist der Elektroherd?
Hier sind zwei Elektroherde.

Wo ist die Taschenlampe?
Hier sind zwei Taschenlampen.

Wo ist der Fernseher?
Hier sind zwei Fernseher.

Wo ist der Tisch?
Hier sind zwei Tische.

Lektion 2, Übung 7

Ist das deine Küche?
(praktisch)
Ja. Sie ist praktisch, nicht wahr?
Ja. Sie ist praktisch, nicht wahr?
Ja. Sie ist praktisch, nicht wahr?

Ist das deine Küche?
(praktisch)
Ja. Sie ist praktisch, nicht wahr?

Ist das dein Kühlschrank?
(modern)
Ja. Er ist modern, nicht wahr?

Sind das deine Postkarten?
(interessant)
Ja. Sie sind interessant, nicht wahr?

Ist das dein Bild?
(originell)
Ja. Es ist originell, nicht wahr?

Sind das deine Stühle?
(bequem)
Ja. Sie sind bequem, nicht wahr?

Ist das dein Auto?
(lustig)
Ja. Es ist lustig, nicht wahr?

Ist das deine Mikrowelle?
(praktisch)
Ja. Sie ist praktisch, nicht wahr?

Sind das deine Fotos?
(witzig)
Ja. Sie sind witzig, nicht wahr?

Lektion 2, Übung 8

Ist Herr Wieland Kaufmann?
Nein, er ist kein Kaufmann.
Nein, er ist kein Kaufmann.
Nein, er ist kein Kaufmann.

Ist das Ihr Auto?
Nein, das ist nicht mein Auto.
Nein, das ist nicht mein Auto.
Nein, das ist nicht mein Auto.

Ist Herr Wieland Kaufmann?
Nein, er ist kein Kaufmann.

Ist das Ihr Auto?
Nein, das ist nicht mein Auto.

Sind die Batterien leer?
Nein, die Batterien sind nicht leer.

Ist Frau Wiechert Ärztin?
Nein, sie ist keine Ärztin.

Ist das deine Uhr?
Nein, das ist nicht meine Uhr.

Sind das deine Kinder?
Nein, das sind nicht meine Kinder.

Ist der Geschirrspüler kaputt?
Nein, der Geschirrspüler ist nicht
  kaputt.

Ist Sabine Lehrerin?
Nein, sie ist keine Lehrerin.

Lektion 2, Übung 9

Kostet das Klavier 980 Euro?
Nein, das kostet nur 880 Euro.
Nein, das kostet nur 880 Euro.
Nein, das kostet nur 880 Euro.

Kostet das Klavier 980 Euro?
Nein, das kostet nur 880 Euro.

Kostet der Geschirrspüler 1120 Euro?
Nein, der kostet nur 1020 Euro.

Kostet die Mikrowelle 860 Euro?
Nein, die kostet nur 760 Euro.

Kosten die Küchenregale 270 Euro?
Nein, die kosten nur 170 Euro.

Kostet der Fernseher 590 Euro?
Nein, der kostet nur 490 Euro.

Kostet der Fotoapparat 420 Euro?
Nein, der kostet nur 320 Euro.

Kostet die Uhr 210 Euro?
Nein, die kostet nur 110 Euro.

Kostet der Kühlschrank 650 Euro?
Nein, der kostet nur 550 Euro.

Lektion 2, Übung 10

Zwei Kugelschreiber kosten 10 Euro.
Ein Kugelschreiber kostet 5 Euro.
Ein Kugelschreiber kostet 5 Euro.
Ein Kugelschreiber kostet 5 Euro.

Zwei Kugelschreiber kosten 10 Euro.
Ein Kugelschreiber kostet 5 Euro.

Zwei Tische kosten 400 Euro.
Ein Tisch kostet 200 Euro.

Zwei Postkarten kosten 4 Euro.
Eine Postkarte kostet 2 Euro.

Zwei Taschenrechner kosten 80 Euro.
Ein Taschenrechner kostet 40 Euro.

Zwei Telefone kosten 200 Euro.
Ein Telefon kostet 100 Euro.

Zwei Kameras kosten 1000 Euro.
Eine Kamera kostet 500 Euro.

Zwei Uhren kosten 600 Euro.
Eine Uhr kostet 300 Euro.

Zwei Bilder kosten 240 Euro.
Ein Bild kostet 120 Euro.

Lektion 2, Übung 11

Ist deine Kamera neu?
(funktionieren)
Ja, aber sie funktioniert leider nicht.
Ja, aber sie funktioniert leider nicht.
Ja, aber sie funktioniert leider nicht.

Ist deine Kamera neu?
(funktionieren)
Ja, aber sie funktioniert leider nicht.

Ist dein Auto neu?
(fahren)
Ja, aber es fährt leider nicht.

Ist deine Taschenlampe neu?
(gehen)
Ja, aber sie geht leider nicht.

Ist deine Waschmaschine neu?
(waschen)
Ja, aber sie wäscht leider nicht.

Sind deine Kugelschreiber neu?
(schreiben)
Ja, aber sie schreiben leider nicht.

Ist dein Taschenrechner neu?
(funktionieren)
Ja, aber er funktioniert leider nicht.

Ist deine Uhr neu?
(gehen)
Ja, aber sie geht leider nicht.

Ist dein Geschirrspüler neu?
(spülen)
Ja, aber er spült leider nicht.

Lektion 2, Übung 12

Und jetzt erzählen Sie: Was ist in
Ihrer Küche? Ist da ein Herd?
Ist da ein Klavier?
Sind da Stühle?
Ist da eine Spülmaschine?
Sind da Bilder?
Ist da ein Telefon?
Sind da Kochtöpfe?
Wie viele?
Ist da ein Auto?
Was ist da noch?

Lektion 3

Lektion 3, Übung 1

Was möchten Sie trinken? Orangen-
saft?
Ja, einen Orangensaft, bitte.
Ja, einen Orangensaft, bitte.
Ja, einen Orangensaft, bitte.

Was möchten Sie trinken? Orangensaft?
Ja, einen Orangensaft, bitte.

Was möchten Sie essen? Pizza?
Ja, eine Pizza, bitte.

Was möchten Sie essen? Ein
Käsebrot?
Ja, ein Käsebrot, bitte.

Was möchtest du trinken? Weißwein?
Ja, einen Weißwein, bitte.

Was möchtest du essen? Brötchen?
Ja, ein Brötchen, bitte.

Was möchten Sie essen? Salat?
Ja, einen Salat, bitte.

Was möchten Sie trinken? Kaffee?
Ja, einen Kaffee, bitte.

Was möchtest du essen? Eine
Bratwurst?
Ja, eine Bratwurst, bitte.

Und was möchten Sie essen?
Gemüsesuppe?
Ja, eine Gemüsesuppe, bitte.

Was möchtest du trinken? Cola?
Ja, eine Cola, bitte.

Lektion 3, Übung 2

Nehmen Sie ein Glas Wein?
Nein danke, ich mag keinen Wein.
Nein danke, ich mag keinen Wein.
Nein danke, ich mag keinen Wein.

Nehmen Sie ein Glas Wein?
Nein danke, ich mag keinen Wein.

Nimmst du eine Tasse Tee?
Nein danke, ich mag keinen Tee.

Nehmen Sie einen Teller Suppe?
Nein danke, ich mag keine Suppe.

Nehmen Sie ein Stück Apfelkuchen?
Nein danke, ich mag keinen Apfelkuchen.

Nimmst du eine Flasche Bier?
Nein danke, ich mag kein Bier.

Nimmst du einen Teller Salat?
Nein danke, ich mag keinen Salat.

Nehmen Sie ein Glas Cola?
Nein danke, ich mag keine Cola.

Nehmen Sie eine Tasse Kaffee?
Nein danke, ich mag keinen Kaffee.

Lektion 3, Übung 3

Mag Peter gerne Gemüse?
Nein, er isst kein Gemüse.
Nein, er isst kein Gemüse.
Nein, er isst kein Gemüse.

Mag Peter gerne Gemüse?
Nein, er isst kein Gemüse.

Mag Frau Lüders gerne Kartoffeln?
Nein, sie isst keine Kartoffeln.

Mag Luisa gerne Orangensaft?
Nein, sie trinkt keinen Orangensaft.

Mag Herr Meier gerne Brötchen?
Nein, er isst keine Brötchen.

Mag Sabine gerne Tee?
Nein, sie trinkt keinen Tee.

Mag Franz Kaiser gerne Fisch?
Nein, er isst keinen Fisch.

Mag Paul Röder gerne Wein?
Nein, er trinkt keinen Wein.

Mag Clara Mai gerne Kuchen?
Nein, sie isst keinen Kuchen.

Lektion 3, Übung 4

Der Kuchen schmeckt gut!
(süß)
Nein, er ist zu süß.
Nein, er ist zu süß.
Nein, er ist zu süß.

Der Kuchen schmeckt gut!
(süß)
Nein, er ist zu süß.

Das Rindersteak schmeckt sehr gut!
(salzig)
Nein, es ist zu salzig.

Der Wein ist fantastisch!
(warm)
Nein, er ist zu warm.

Die Kartoffeln schmecken gut!
(trocken)
Nein, sie sind zu trocken.

Der Hamburger schmeckt
fantastisch!
(nicht frisch)
Nein, er ist nicht frisch.

Die Limo ist sehr gut!
(bitter)
Nein, sie ist zu bitter.

Das Schwarzbrot schmeckt sehr gut!
(hart)
Nein, es ist zu hart.

Lektion 3, Übung 5

Bekommen Sie noch eine Flasche
Bier?
Ich nehme zwei Flaschen.
Ich nehme zwei Flaschen.
Ich nehme zwei Flaschen.

Bekommen Sie noch eine Flasche
Bier?
Ich nehme zwei Flaschen.

Bekommen Sie noch einen Teller
Salat?
Ich nehme zwei Teller.

Bekommen Sie noch eine Tasse
Kaffee?
Ich nehme zwei Tassen.

Bekommen Sie noch ein Stück
Kuchen?
Ich nehme zwei Stück.

Bekommen Sie noch einen Liter
Wein?
Ich nehme zwei Liter.

Bekommen Sie noch ein Glas Milch?
Ich nehme zwei Gläser.

Bekommen Sie noch einen Teller
Pommes Frites?
Ich nehme zwei Teller.

Bekommen Sie noch eine Dose Cola?
Ich nehme zwei Dosen.

Lektion 3, Übung 6

Sie möchten Limonade?
Ja, ein Glas Limonade, bitte.
Ja, ein Glas Limonade, bitte.
Ja, ein Glas Limonade, bitte.

Sie möchten Limonade?
Ja, ein Glas Limonade, bitte.

Sie möchten Tee?
Ja, ein Glas Tee, bitte.

Sie möchten Kaffee?
Ja, eine Tasse Kaffee, bitte.

Sie möchten Milch?
Ja, ein Glas Milch, bitte.

Sie möchten Salat?
Ja, einen Teller Salat, bitte.

Sie möchten Suppe?
Ja, einen Teller Suppe, bitte.

Sie möchten Apfelsaft?
Ja, ein Glas Apfelsaft, bitte.

Sie möchten Pommes frites?
Ja, einen Teller Pommes frites, bitte.

Lektion 3, Übung 7

Franz Kaiser isst abends eine Pizza.
Ja, abends isst er oft Pizza.
Ja, abends isst er oft Pizza.
Ja, abends isst er oft Pizza.

Franz Kaiser isst abends eine Pizza.
Ja, abends isst er oft Pizza.

Thomas Martens trinkt morgens eine
Tasse Kaffee.
Ja, morgens trinkt er oft Kaffee.

Clara Mai isst mittags einen Salat.
Ja, mittags isst sie oft Salat.

Sonja trinkt zum Abendessen ein Glas
Wein.
Ja, zum Abendessen trinkt sie oft
Wein.

Franz Kaiser trinkt zum Frühstück
einen Liter Milch.
Ja, zum Frühstück trinkt er oft Milch.

Petra isst als Nachspeise ein Eis.
Ja, als Nachspeise isst sie oft Eis.

Michael isst als Hauptgericht ein
Brathähnchen.
Ja, als Hauptgericht isst er oft
Brathähnchen.

Lektion 3, Übung 8

Noch etwas Rotwein?
(Glas)
Nein danke, ein Glas ist genug.
Nein danke, ein Glas ist genug.
Nein danke, ein Glas ist genug.

Noch etwas Rotwein?
(Glas)
Nein danke, ein Glas ist genug.

Noch etwas Apfelkuchen?
(Stück)
Nein danke, ein Stück ist genug.

Noch etwas Gemüsesuppe?
(Teller)
Nein danke, ein Teller ist genug.

Noch etwas Apfelsaft?
(Flasche)
Nein danke, eine Flasche ist genug.

Noch etwas Tee?
(Tasse)
Nein danke, eine Tasse ist genug.

Noch etwas Mineralwasser?
(Dose)
Nein danke, eine Dose ist genug.

Noch etwas Pommes frites?
(Teller)
Nein danke, ein Teller ist genug.

Noch etwas Milch?
(Liter)
Nein danke, ein Liter ist genug.

Lektion 3, Übung 9

Was möchten Sie?
(Weißwein, Fischplatte)
Ich möchte einen Weißwein und eine
    Fischplatte, bitte.
Ich möchte einen Weißwein und eine
    Fischplatte, bitte.
Ich möchte einen Weißwein und eine
    Fischplatte, bitte.
Und was bezahlen Sie?
Ich bezahle den Weißwein und die
    Fischplatte.
Ich bezahle den Weißwein und die
    Fischplatte.
Ich bezahle den Weißwein und die
    Fischplatte.

Was möchten Sie?
(Weißwein, Fischplatte)
Ich möchte einen Weißwein und eine
    Fischplatte, bitte.
Und was bezahlen Sie?
Ich bezahle den Weißwein und die
    Fischplatte.

Was möchten Sie?
(Kaffee, Früchtebecher)
Ich möchte einen Kaffee und einen
    Früchtebecher.

Und was bezahlen Sie?
Ich bezahle den Kaffee und den
    Früchtebecher.

Was möchten Sie?
(Apfelsaft, Obstkuchen)
Ich möchte einen Apfelsaft und einen
    Obstkuchen.
Und was bezahlen Sie?
Ich bezahle den Apfelsaft und den
    Obstkuchen.

Was möchten Sie?
(Glas Orangensaft, Kotelett)
Ich möchte ein Glas Orangensaft und
    ein Kotelett.
Und was bezahlen Sie?
Ich bezahle das Glas Orangensaft und
    das Kotelett.

Was möchten Sie?
(Zwiebelsuppe, Rotwein)
Ich möchte eine Zwiebelsuppe und
    einen Rotwein.
Und was bezahlen Sie?
Ich bezahle die Zwiebelsuppe und
    den Rotwein.

Lektion 3, Übung 10

Die Eier kosten 1 Euro 98.
Nein, sie kosten 2 Euro 98.
Nein, sie kosten 2 Euro 98.
Nein, sie kosten 2 Euro 98.

Die Eier kosten 1 Euro 98.
Nein, sie kosten 2 Euro 98.

Der Käse kostet 2 Euro 77.
Nein, er kostet 3 Euro 77.

Die Butter kostet 1 Euro 57.
Nein, sie kostet 2 Euro 57.

Das Salatöl kostet 3 Euro 45.
Nein, es kostet 4 Euro 45.

Die Kartoffeln kosten 4 Euro 22.
Nein, sie kosten 5 Euro 22.

Die Marmelade kostet 1 Euro 86.
Nein, sie kostet 2 Euro 86.

Das Mehl kostet 1 Euro 39.
Nein, es kostet 2 Euro 39.

Die Äpfel kosten 3 Euro 99.
Nein, sie kosten 4Euro 99.

Lektion 3, Übung 11

Was brauchen Sie noch? Vielleicht
Milch?
(Liter)
Ja, noch einen Liter Milch, bitte.
Ja, noch einen Liter Milch, bitte.
Ja, noch einen Liter Milch, bitte.

Was brauchen Sie noch? Vielleicht
Milch?
(Liter)
Ja, noch einen Liter Milch, bitte.

Was brauchen Sie noch? Vielleicht
Käse?
(100 Gramm)
Ja, noch 100 Gramm Käse, bitte.

Was brauchen Sie noch? Vielleicht
Äpfel?
(Kilo)
Ja, ein Kilo Äpfel, bitte.

Was brauchen Sie noch? Vielleicht
Bier?
(Kiste)
Ja, eine Kiste Bier, bitte.

Was brauchen Sie noch? Vielleicht
Butter?
(Pfund)
Ja, ein Pfund Butter, bitte.

Was brauchen Sie noch? Vielleicht
Mehl?
(Packung)
Ja, eine Packung Mehl, bitte.

Was brauchen Sie noch? Vielleicht
Kartoffeln?
(2 Kilo)
Ja, 2 Kilo Kartoffeln, bitte.

Lektion 3, Übung 12

Und jetzt erzählen Sie! Was essen Sie
zum Frühstück?
Trinken Sie morgens Kaffee?
Essen Sie lieber Brötchen oder
Schwarzbrot?
Mögen Sie Käse?
Was essen Sie gerne als Nachtisch?
Welche Biersorten kennen Sie?
Was kochen Sie abends?

Lektion 4

Lektion 4, Übung 1

An Bord ist ein Kino.
(Filme sehen)
Gut, da können wir Filme sehen!
Gut, da können wir Filme sehen!
Gut, da können wir Filme sehen!

An Bord ist ein Kino.
(Filme sehen)
Gut, da können wir Filme sehen!

An Bord ist ein Geschäft.
(Postkarten kaufen)
Gut, da können wir Postkarten
kaufen.

An Bord ist eine Bar.
(Bier trinken)
Gut, da können wir Bier trinken.

An Bord ist eine Bank.
(Geld tauschen)
Gut, da können wir Geld tauschen.

An Bord ist ein Schwimmbad.
(schwimmen gehen)
Gut, da können wir schwimmen
gehen.

An Bord ist eine Bibliothek.
(Bücher lesen)
Gut, da können wir Bücher lesen.

Lektion 4, Übung 2

Ich rauche, das siehst du doch!
Hier darfst du aber nicht rauchen!
Hier darfst du aber nicht rauchen!
Hier darfst du aber nicht rauchen!

Ich höre Musik, das sehen Sie doch!
Hier dürfen Sie aber keine Musik
hören!
Hier dürfen Sie aber keine Musik
hören!
Hier dürfen Sie aber keine Musik
hören!

Ich rauche, das siehst du doch!
Hier darfst du aber nicht rauchen!

Ich höre Musik, das sehen Sie doch!
Hier dürfen Sie aber keine Musik
hören!

Wir gehen spazieren, das siehst du
doch!
Hier dürft ihr aber nicht spazieren
gehen!

Ich esse ein Eis, das siehst du doch!
Hier darfst du aber kein Eis essen!

Wir machen Fotos, das siehst du
doch!
Hier dürft ihr aber keine Fotos
machen!

Ich trinke ein Bier, das sehen Sie
doch!
Hier dürfen Sie aber kein Bier
trinken!

Ich sehe fern, das siehst du doch!
Hier darfst du aber nicht fernsehen!

Wir spielen Fußball, das siehst du
doch!
Hier dürft ihr aber nicht Fußball
spielen!

Lektion 4, Übung 3

Essen Sie nicht zu viel!
Ich darf nicht zu viel essen.
Ich darf nicht zu viel essen.
Ich darf nicht zu viel essen.

Gehen Sie früh schlafen!
Ich muss früh schlafen gehen.
Ich muss früh schlafen gehen.
Ich muss früh schlafen gehen.

Essen Sie nicht zu viel!
Ich darf nicht zu viel essen.

Gehen Sie früh schlafen!
Ich muss früh schlafen gehen.

Gehen Sie oft schwimmen!
Ich muss oft schwimmen gehen.

Trinken Sie keinen Wein!
Ich darf keinen Wein trinken.

Gehen Sie jeden Tag spazieren!
Ich muss jeden Tag spazieren gehen.

Sehen Sie nicht so viel fern!
Ich darf nicht so viel fernsehen.

Rauchen Sie keine Zigaretten!
Ich darf keine Zigaretten rauchen.

Trinken Sie viel Mineralwasser!
Ich muss viel Mineralwasser trinken.

Lektion 4, Übung 4

Kommt der Kellner auch?
(Gäste bedienen)
Er kann nicht, er muss noch Gäste
bedienen.
Er kann nicht, er muss noch Gäste
bedienen.
Er kann nicht, er muss noch Gäste
bedienen.

Kommt der Kellner auch?
(Gäste bedienen)
Er kann nicht, er muss noch Gäste
bedienen.

Kommt die Reiseleiterin auch?
(das Programm machen)
Sie kann nicht, sie muss noch das
Programm machen.

Kommt die Friseurin auch?
(jemanden frisieren)
Sie kann nicht, sie muss noch
jemanden frisieren.

Kommt der Bäcker auch?
(eine Torte backen)
Er kann nicht, er muss noch eine Torte
backen.

Kommt die Krankenschwester auch?
(einen Verband machen)
Sie kann nicht, sie muss noch einen
Verband machen.

Kommt der Koch auch?
(das Mittagessen vorbereiten)
Er kann nicht, er muss noch das
Mittagessen vorbereiten.

Lektion 4, Übung 5

Geht Frau Hilger jetzt schlafen?
Nein, sie möchte noch nicht schlafen
gehen.
Nein, sie möchte noch nicht schlafen
gehen.
Nein, sie möchte noch nicht schlafen
gehen.

Geht Frau Hilger jetzt schlafen?
Nein, sie möchte noch nicht schlafen
gehen.

Isst Jochen jetzt zu Abend?
Nein, er möchte noch nicht zu Abend
essen.

Geht Willi Rose jetzt arbeiten?
Nein, er möchte noch nicht arbeiten
gehen.

Geht Klaus Schwarz jetzt spazieren?
Nein, er möchte noch nicht spazieren
gehen.

Liest Frau Hilger jetzt die Zeitung?
Nein, sie möchte noch nicht die
Zeitung lesen.

Bestellt Ilona jetzt das Abendessen?
Nein, sie möchte noch nicht zu Abend
essen.

Geht Klaus Schwarz jetzt ein Bier
trinken?
Nein, er möchte noch kein Bier
trinken.

Räumt Willi jetzt auf?
Nein, er möchte noch nicht
aufräumen.

Lektion 4, Übung 6

Martina steht um neun Uhr auf.
Möchtest du auch um neun Uhr
  aufstehen?
Möchtest du auch um neun Uhr
  aufstehen?
Möchtest du auch um neun Uhr
  aufstehen?

Martina steht um neun Uhr auf.
Möchtest du auch um neun Uhr
  aufstehen?

Um halb zehn frühstückt sie.
Möchtest du auch um halb zehn
  frühstücken?

Um elf Uhr spielt sie Tennis.
Möchtest du auch um elf Uhr Tennis
  spielen?

Um halb eins geht sie schwimmen.
Möchtest du auch um halb eins
  schwimmen gehen?

Um halb zwei isst sie zu Mittag.
Möchtest du auch um halb zwei zu
  Mittag essen?

Von zwei bis drei schläft sie.
Möchtest du auch von zwei bis drei
  schlafen?

Von vier bis fünf kauft sie ein.
Möchtest du auch von vier bis fünf
  einkaufen?

Um sechs Uhr sieht sie fern.
Möchtest du auch um sechs Uhr
  fernsehen?

Lektion 4, Übung 7

Müssen Sie auch um sechs Uhr
  aufstehen?
Ja, um sechs Uhr stehe ich auf.
Ja, um sechs Uhr stehe ich auf.
Ja, um sechs Uhr stehe ich auf.

Müssen Sie auch um sechs Uhr
  aufstehen?
Ja, um sechs Uhr stehe ich auf.

Müssen Sie auch um sieben Uhr
  Frühstück machen?
Ja, um sieben Uhr mache ich
  Frühstück.

Müssen Sie auch um acht Uhr die
  Wohnung aufräumen?
Ja, um acht Uhr räume ich die
  Wohnung auf.

Müssen Sie auch um neun Uhr
  arbeiten gehen?
Ja, um neun Uhr gehe ich arbeiten.

Müssen Sie auch um fünf Uhr
  einkaufen?
Ja, um fünf Uhr kaufe ich ein.

Müssen Sie auch um halb sieben das
  Abendessen machen?
Ja, um halb sieben mache ich das
  Abendessen.

Müssen Sie auch um acht Uhr das
  Geschirr spülen?
Ja, um acht Uhr spüle ich das
  Geschirr.

Müssen Sie auch von neun bis zehn
  Deutsch lernen?
Ja, von neun bis zehn lerne ich
  Deutsch.

Lektion 4, Übung 8

Möchtet ihr um acht Uhr früh-
stücken?
Nein, wir frühstücken erst um neun.
Nein, wir frühstücken erst um neun.
Nein, wir frühstücken erst um neun.

Möchtet ihr das Geschirr um neun
Uhr spülen?
Nein, wir spülen es erst um zehn.
Nein, wir spülen es erst um zehn.
Nein, wir spülen es erst um zehn.

Möchtet ihr um acht Uhr frühstücken?
Nein, wir frühstücken erst um neun.

Möchtet ihr das Geschirr um neun
Uhr spülen?
Nein, wir spülen es erst um zehn.

Möchtet ihr um zehn Uhr spazieren
gehen?
Nein, wir gehen erst um elf spazieren.

Möchtet ihr die Wohnung um sieben
Uhr aufräumen?
Nein, wir räumen sie erst um acht auf.

Möchtet ihr um acht Uhr zu Abend
essen?
Nein, wir essen erst um neun zu
Abend.

Möchtet ihr um elf Uhr schlafen
gehen?
Nein, wir gehen erst um zwölf
schlafen.

Möchtet ihr morgen um sechs Uhr
aufstehen?
Nein, wir stehen erst um sieben auf.

Lektion 4, Übung 9

Kommen Sie um acht Uhr?
Nein, schon um Viertel vor acht.
Nein, schon um Viertel vor acht.
Nein, schon um Viertel vor acht.

Kommen Sie um halb sieben?
Nein, schon um Viertel nach sechs.
Nein, schon um Viertel nach sechs.
Nein, schon um Viertel nach sechs.

Kommen Sie um acht Uhr?
Nein, schon um Viertel vor acht.

Kommen Sie um halb sieben?
Nein, schon um Viertel nach sechs.

Kommen Sie um halb zehn?
Nein, schon um Viertel nach neun.

Kommen Sie um Viertel vor zwölf?
Nein, schon um halb zwölf.

Kommen Sie um drei Uhr?
Nein, schon um Viertel vor drei.

Kommen Sie um Viertel nach fünf?
Nein, schon um fünf Uhr.

Kommen Sie um sechs Uhr?
Nein, schon um Viertel vor sechs.

Kommen Sie um Viertel vor sieben?
Nein, schon um halb sieben.

Lektion 4, Übung 10

Wann ist die Party? Um sieben?
Ja, sie fängt um neunzehn Uhr an.
Ja, sie fängt um neunzehn Uhr an.
Ja, sie fängt um neunzehn Uhr an.

Wann ist die Party? Um sieben?
Ja, sie fängt um neunzehn Uhr an.

Wann ist das Konzert? Um halb acht?
Ja, es fängt um neunzehn Uhr dreißig
an.

Wann ist der Deutschkurs? Um halb
sechs?
Ja, er fängt um siebzehn Uhr dreißig
an.

Wann ist das Tennisfinale? Um vier?
Ja, es fängt um sechzehn Uhr an.

Wann ist der Vortrag? Um halb neun?
Ja, er fängt um zwanzig Uhr dreißig
an.

Wann fängt die Oper an? Um acht?
Ja, sie fängt um zwanzig Uhr an.

Lektion 4, Übung 11

Gehen wir Samstagabend tanzen?
(ins Kino gehen)
Tut mir Leid, da kann ich nicht.
  Samstagabend gehe ich ins Kino.
Tut mir Leid, da kann ich nicht.
  Samstagabend gehe ich ins Kino.
Tut mir Leid, da kann ich nicht.
  Samstagabend gehe ich ins Kino.

Gehen wir Samstagabend tanzen?
(ins Kino gehen)
Tut mir Leid, da kann ich nicht.
  Samstagabend gehe ich ins Kino.

Spielen wir Montagnachmittag
  Tennis?
(arbeiten gehen)
Tut mir Leid, da kann ich nicht.
  Montagnachmittag gehe ich
  arbeiten.

Gehen wir Freitagabend essen?
(Volleyball spielen)
Tut mir Leid, da kann ich nicht.
  Freitagabend spiele ich Volleyball.

Gehen wir Samstagmorgen ein-
  kaufen?
(Wohnung aufräumen)
Tut mir Leid, da kann ich nicht.
  Samstagmorgen räume ich meine
  Wohnung auf.

Machen wir heute Mittag einen
  Spaziergang?
(einkaufen gehen)
Tut mir Leid, da kann ich nicht. Heute
  Mittag gehe ich einkaufen.

Hast du Donnerstagabend Zeit?
(Deutsch lernen)
Tut mir Leid, da kann ich nicht.
  Donnerstagabend lerne ich
  Deutsch.

Lektion 4, Übung 12

Und jetzt erzählen Sie! Wann stehen
  Sie morgens auf?
Wie lange schlafen Sie sonntag-
  morgens?
Wie lange sehen Sie abends fern?
Gehen Sie abends früh schlafen?
Was machen Sie heute Abend
  zwischen fünf und sechs?
Was haben Sie Freitagabend vor?
Müssen Sie samstags auch arbeiten?
Wann haben Sie Mittagspause?

Lektion 5

Lektion 5, Übung 1

Wohin kommt der Esstisch? In die Küche?
Ja, der ist für die Küche.
Ja, der ist für die Küche.
Ja, der ist für die Küche.

Wohin kommt der Esstisch? In die Küche?
Ja, der ist für die Küche.

Wohin kommt die Garderobe? In den Flur?
Ja, die ist für den Flur.

Wohin kommt der Teppich? Ins Arbeitszimmer?
Ja, der ist für das Arbeitszimmer.

Wohin kommen die vier Stühle? Auf die Terrasse?
Ja, die sind für die Terrasse.

Wohin kommt die Kommode? In den Hobbyraum?
Ja, die ist für den Hobbyraum.

Wohin kommt der Kleiderschrank? Ins Schlafzimmer?
Ja, der ist für das Schlafzimmer.

Wohin kommt die Lampe? In den Keller?
Ja, die ist für den Keller.

Wohin kommt der Vorhang? Ins Bad?
Ja, der ist für das Bad.

Lektion 5, Übung 2

Wie findest du den Sessel da?
(unbequem)
Den mag ich nicht, der ist unbequem.
Den mag ich nicht, der ist unbequem.
Den mag ich nicht, der ist unbequem.

Wie findest du den Sessel da?
(unbequem)
Den mag ich nicht, der ist unbequem.

Wie findest du die Couch da?
(zu groß)
Die mag ich nicht, die ist zu groß.

Wie findest du das Bücherregal da?
(hässlich)
Das mag ich nicht, das ist hässlich.

Wie findest du das Bett da?
(sehr alt)
Das mag ich nicht, das ist sehr alt.

Wie findest du die Kommode da?
(unpraktisch)
Die mag ich nicht, die ist unpraktisch.

Wie findest du den Spiegel da?
(zu klein)
Den mag ich nicht, der ist zu klein,

Wie findest du das Wohnzimmer?
(dunkel)
Das mag ich nicht, das ist dunkel.

Wie findest du die Gläser dort?
(zu teuer)
Die mag ich nicht, die sind zu teuer.

Lektion 5, Übung 3

Ein Arbeitszimmer brauchen Sie?
Ja. Hat das Haus eins?
Ja. Hat das Haus eins?
Ja. Hat das Haus eins?

Ein Arbeitszimmer brauchen Sie?
Ja. Hat das Haus eins?

Einen Balkon möchten Sie?
Ja. Hat das Haus einen?

Eine Garage brauchen Sie?
Ja. Hat das Haus eine?

Einen Garten möchten Sie?
Ja. Hat das Haus einen?

Einen Hof brauchen Sie?
Ja. Hat das Haus einen?

Eine Sauna möchten Sie?
Ja. Hat das Haus eine?

Lektion 5, Übung 4

Wir suchen noch einen Schreibtisch.
Aber ihr habt doch schon einen!
Aber ihr habt doch schon einen!
Aber ihr habt doch schon einen!

Ich suche noch Vorhänge.
Aber du hast doch schon welche!
Aber du hast doch schon welche!
Aber du hast doch schon welche!

Wir suchen noch einen Schreibtisch.
Aber ihr habt doch schon einen!

Ich suche noch Vorhänge.
Aber du hast doch schon welche!

Ich suche noch einen Abfalleimer.
Aber du hast doch schon einen!

Wir suchen noch Sessel.
Aber ihr habt doch schon welche!

Ich suche noch eine Spülmaschine.
Aber du hast doch schon eine!

Wir suchen noch Bücherregale.
Aber ihr habt doch schon welche!

Wir suchen noch einen Kühlschrank.
Aber ihr habt doch schon einen.

Ich suche noch Teppiche.
Aber du hast doch schon welche.

Lektion 5, Übung 5

Kannst du noch Wein kaufen?
Wieso? Haben wir keinen mehr?
Wieso? Haben wir keinen mehr?
Wieso? Haben wir keinen mehr?

Kannst du noch Wein kaufen?
Wieso? Haben wir keinen mehr?

Kannst du noch Brot mitbringen?
Wieso? Haben wir keins mehr?

Kannst du noch Butter mitbringen?
Wieso? Haben wir keine mehr?

Kannst du noch Batterien kaufen?
Wieso? Haben wir keine mehr?

Kannst du noch Käse kaufen?
Wieso? Haben wir keinen mehr?

Kannst du noch Eier mitbringen?
Wieso? Haben wir keine mehr?

Lektion 5, Übung 6

Er braucht noch einen Spiegel.
Hat er noch keinen?
Hat er noch keinen?
Hat er noch keinen?

Er braucht kein Bett mehr.
Hat er schon eins?
Hat er schon eins?
Hat er schon eins?

Er braucht noch einen Spiegel.
Hat er noch keinen?

Er braucht kein Bett mehr.
Hat er schon eins?

Sie braucht keinen Esstisch mehr.
Hat sie schon einen?

Sie braucht noch eine Lampe.
Hat sie noch keine?

Sie brauchen keine Couch mehr.
Haben sie schon eine?

Sie brauchen noch einen Kinderstuhl.
Haben sie noch keinen?

Ich brauche noch eine Mikrowelle.
Hast du noch keine?

Ich brauche kein Radio mehr.
Hast du schon eins?

Lektion 5, Übung 7

Haben wir noch Kartoffeln?
Ja, es sind noch welche da.
Ja, es sind noch welche da.
Ja, es sind noch welche da.

Haben wir noch Kartoffeln?
Ja, es sind noch welche da.

Haben wir noch Kaffee?
Ja, es ist noch welcher da.

Haben wir noch Bier?
Ja, es ist noch welches da.

Haben wir noch Marmelade?
Ja, es ist noch welche da.

Haben wir noch Brötchen?
Ja, es sind noch welche da.

Haben wir noch Salat?
Ja, es ist noch welcher da.

Haben wir noch Milch?
Ja, es ist noch welche da.

Haben wir noch Eis?
Ja, es ist noch welches da.

Lektion 5, Übung 8

Wo sind denn die Fotos?
(Schreibtisch)
Die sind auf dem Schreibtisch.
Die sind auf dem Schreibtisch.
Die sind auf dem Schreibtisch.

Wo sind denn die Fotos?
(Schreibtisch)
Die sind auf dem Schreibtisch.

Wo steht denn dein Bücherregal?
(Arbeitszimmer)
Das steht im Arbeitszimmer.

Wo sind denn die Stühle?
(Terrasse)
Die sind auf der Terrasse.

Wo ist denn Eva?
(Telefon)
Die ist am Telefon.

Wo ist denn der Kasten Bier?
(Speisekammer)
Der ist in der Speisekammer.

Und wo stehen die Weinflaschen?
(Balkon)
Die stehen auf dem Balkon.

Wo ist denn der Kassettenrekorder?
(Keller)
Der ist im Keller.

Wo steht denn jetzt die Kommode?
(Fenster)
Die steht jetzt am Fenster.

Lektion 5, Übung 9

Fragen Sie: Wer? Was? Wo? Wie?
 Wie viel? Wie viele?

Das ist ein 5-Zimmer-Haus.
Was ist das?
Was ist das?
Was ist das?

Das ist ein 5-Zimmer-Haus.
Was ist das?

Es liegt im Maintal.
Wo liegt es?

Es ist groß, hell und ruhig.
Wie ist es?

Es hat zwei Garagen.
Wie viele Garagen hat es?

Der Garten ist 150 qm groß.
Wie groß ist er?

Das Haus ist sehr modern, aber auch
sehr teuer.
Wie ist es?

Es kostet 2.300 Euro Miete.
Wieviel Miete kostet es?

Herr und Frau Bode möchten es
mieten.
Wer möchte es mieten?

Lektion 5, Übung 10

Darf ich hier rauchen?
(Balkon)
Nein, bitte nicht. Aber auf dem
Balkon darfst du rauchen.
Nein, bitte nicht. Aber auf dem
Balkon darfst du rauchen.
Nein, bitte nicht. Aber auf dem
Balkon darfst du rauchen.

Darf ich hier rauchen?
(Balkon)
Nein, bitte nicht. Aber auf dem
Balkon darfst du rauchen.

Dürfen wir hier Musik machen?
(Hobbyraum)
Nein, bitte nicht. Aber im Hobbyraum
dürft ihr Musik machen.

Darf ich hier grillen?
(Terrasse)
Nein, bitte nicht. Aber auf der
Terrasse darfst du grillen.

Dürfen die Kinder hier spielen?
(Garten)
Nein, bitte nicht. Aber im Garten
dürfen sie spielen.

Darf ich hier parken?
(Hof)
Nein, bitte nicht. Aber im Hof darfst
du parken.

Dürfen wir hier Fußball spielen?
(Park)
Nein, bitte nicht. Aber im Park könnt
ihr Fußball spielen.

Darf ich mir hier die Hände waschen?
(Bad)
Nein, bitte nicht. Aber im Bad kannst
du dir die Hände waschen.

Dürfen wir hier feiern?
(Garten)
Nein, bitte nicht. Aber im Garten
könnt ihr feiern.

Lektion 5, Übung 11

Entschuldigung, wo kann ich mal
telefonieren?
(Telefonzelle)
Dort drüben in der Telefonzelle.
Dort drüben in der Telefonzelle.
Dort drüben in der Telefonzelle.

Entschuldigung, wo kann ich mal
telefonieren?
(Telefonzelle)
Dort drüben in der Telefonzelle.

Entschuldigung, wo können wir
frühstücken?
(Frühstückszimmer)
Dort drüben im Frühstückszimmer.

Entschuldigung, wo bekomme ich
  Zeitungen?
(Kiosk)
Dort drüben am Kiosk.

Entschuldigung, wo kann ich ein Auto
  mieten?
(Reisebüro)
Dort drüben im Reisebüro.

Entschuldigung, wo kann ich ein Bier
  trinken?
(Bar)
Dort drüben in der Bar.

Entschuldigung, wo können wir die
  Rechnung bezahlen?
(Rezeption)
Dort drüben an der Rezeption.

Lektion 5, Übung 12

Und jetzt erzählen Sie: Wie groß ist
  Ihre Wohnung?
Was für Zimmer sind in Ihrer
  Wohnung?
Wo steht Ihr Schreibtisch?
Was steht in Ihrem Wohnzimmer?
Wer wohnt in Ihrer Wohnung?
Wie sieht Ihre Traumwohnung aus?

Lektion 6

Lektion 6, Übung 1

Hat Karla Halsschmerzen?
Ja, ihr Hals tut weh.
Ja, ihr Hals tut weh.
Ja, ihr Hals tut weh.

Hat Karla Halsschmerzen?
Ja, ihr Hals tut weh.

Hat Herr Kleimeyer Rücken-
  schmerzen?
Ja, sein Rücken tut weh.

Haben Katrin und Peter Bauch-
  schmerzen?
Ja, ihr Bauch tut weh.

Hat Gisela Zahnschmerzen?
Ja, ihr Zahn tut weh.

Hat Rolf Ohrenschmerzen?
Ja, seine Ohren tun weh.

Hast du Kopfschmerzen?
Ja, mein Kopf tut weh.

Lektion 6, Übung 2

Oh, mein Kopf!
Hast du immer noch Kopfschmerzen?
Hast du immer noch Kopfschmerzen?
Hast du immer noch Kopfschmerzen?

Oh, meine Beine!
Tun deine Beine immer noch weh?
Tun deine Beine immer noch weh?
Tun deine Beine immer noch weh?

Oh, mein Kopf!
Hast du immer noch Kopfschmerzen?

Oh, meine Beine!
Tun deine Beine immer noch weh?

Oh, mein Rücken!
Hast du immer noch Rücken-
  schmerzen?

Oh, mein Zahn!
Hast du immer noch Zahn-
  schmerzen?

Oh, mein Fuß!
Tut dein Fuß immer noch weh?

Oh, meine Augen!
Tun deine Augen immer noch weh?

Oh, meine Ohren!
Hast du immer noch Ohren-
schmerzen?

Oh, mein Hals!
Hast du immer noch Halsschmerzen?

Lektion 6, Übung 3

Sein Hals tut weh!
(sprechen)
Ach, deshalb kann er nicht sprechen!
Ach, deshalb kann er nicht sprechen!
Ach, deshalb kann er nicht sprechen!

Sein Hals tut weh!
(sprechen)
Ach, deshalb kann er nicht sprechen!

Unsere Augen tun weh!
(lesen)
Ach, deshalb könnt ihr nicht lesen!

Ihr Bauch tut weh!
(essen)
Ach, deshalb kann sie nichts essen!

Seine Beine tun weh!
(Tennis spielen)
Ach, deshalb kann er nicht Tennis
spielen!

Sie hat Schnupfen!
(schwimmen gehen)
Ach, deshalb kann sie nicht
schwimmen gehen!

Meine Hände tun weh!
(Schreibmaschine schreiben)
Ach, deshalb kannst du nicht
Schreibmaschine schreiben!

Ihr Rücken tut weh!
(aufstehen)
Ach, deshalb kann sie nicht
aufstehen!

Unsere Füße tun weh!
(spazieren gehen)
Ach, deshalb könnt ihr nicht
spazieren gehen!

Lektion 6, Übung 4

Wir können nicht gut lesen.
Tun eure Augen immer noch weh?
Tun eure Augen immer noch weh?
Tun eure Augen immer noch weh?

Wir können nicht gut lesen.
Tun eure Augen immer noch weh?

Ich kann nicht gut Schreibmaschine
schreiben.
Tun deine Finger immer noch weh?

Er kann nichts essen.
Tut sein Magen immer noch weh?

Wir können nicht spazieren gehen.
Tun eure Füße immer noch weh?

Sie kann nicht viel sprechen.
Tut ihr Hals immer noch weh?

Er kann nicht Tennis spielen.
Tut sein Arm immer noch weh?

Lektion 6, Übung 5

Trinken Sie viel Tee, Frau Niemann!
Frau Niemann soll viel Tee trinken.
Frau Niemann soll viel Tee trinken.
Frau Niemann soll viel Tee trinken.

Trinken Sie viel Tee, Frau Niemann!
Frau Niemann soll viel Tee trinken.

Essen Sie nicht fett, Herr Bode!
Herr Bode soll nicht fett essen.

Rauch nicht so viel, Karin!
Karin soll nicht so viel rauchen.

Nimm die Medikamente täglich, Lisa!
Lisa soll die Medikamente täglich
nehmen.

Trinken Sie nicht so viel Alkohol,
Herr Köhler!
Herr Köhler soll nicht so viel Alkohol
trinken.

Schlaf mehr, Uli!
Uli soll mehr schlafen.

Geh früher ins Bett, Gitta!
Gitta soll früher ins Bett gehen.

Trinken Sie weniger Kaffee, Frau
Möllmann!
Frau Möllmann soll weniger Kaffee
trinken.

Lektion 6, Übung 6

Peter muss im Bett bleiben.
Bleib bitte im Bett!
Bleib bitte im Bett!
Bleib bitte im Bett!

Herr Niemann darf keine Zigarren
rauchen.
Rauchen Sie bitte keine Zigarren!
Rauchen Sie bitte keine Zigarren!
Rauchen Sie bitte keine Zigarren!

Peter muss im Bett bleiben.
Bleib bitte im Bett!

Herr Niemann darf keine Zigarren
rauchen.
Rauchen Sie bitte keine Zigarren!

Matthias darf keinen Alkohol trinken.
Trink bitte keinen Alkohol!

Frau Kranach muss die Tabletten
nehmen.
Nehmen Sie bitte die Tabletten!

Annette muss vorsichtig sein.
Sei bitte vorsichtig!

Florian und Sophie dürfen nicht
schwimmen gehen.
Geht bitte nicht schwimmen!

Ellen muss mehr Sport treiben.
Treib bitte mehr Sport!

Herr und Frau Schmidt dürfen kein
Schweinefleisch essen.
Essen Sie bitte kein Schweinefleisch!

Lektion 6, Übung 7

Warum trinkst du keinen Kaffee?
(zu nervös)
Der Arzt sagt, ich soll keinen Kaffee
trinken. Ich bin zu nervös.
Der Arzt sagt, ich soll keinen Kaffee
trinken. Ich bin zu nervös.
Der Arzt sagt, ich soll keinen Kaffee
trinken. Ich bin zu nervös.

Warum trinkst du keinen Kaffee?
(zu nervös)
Der Arzt sagt, ich soll keinen Kaffee
trinken. Ich bin zu nervös.

Warum gehst du nicht zur Arbeit?
(Fieber)
Der Arzt sagt, ich soll nicht zur Arbeit
gehen. Ich habe Fieber.

Warum nimmst du Vitamintabletten?
(erkältet)
Der Arzt sagt, ich soll Vitamintabletten nehmen. Ich bin erkältet.

Warum isst du kein Eis?
(zu dick)
Der Arzt sagt, ich soll kein Eis essen.
Ich bin zu dick.

Warum trinkst du Kamillentee?
(Durchfall)
Der Arzt sagt, ich soll Kamillentee
trinken. Ich habe Durchfall.

Warum bleibst du im Bett?
(Halsschmerzen)
Der Arzt sagt, ich soll im Bett bleiben.
Ich habe Halsschmerzen.

Warum trinkst du keinen Wein?
(Magengeschwür)
Der Arzt sagt, ich soll keinen Wein
trinken. Ich habe ein Magengeschwür.

Warum gehst du jeden Tag
schwimmen?
(Kreislaufstörungen)
Der Arzt sagt, ich soll jeden Tag
schwimmen gehen. Ich habe Kreislaufstörungen.

Lektion 6, Übung 8

Soll ich zum Arzt gehen?
Ja, geh zum Arzt!
Ja, geh zum Arzt!
Ja, geh zum Arzt!

Sollen wir ein Bad nehmen?
Ja, nehmt ein Bad !
Ja, nehmt ein Bad !
Ja, nehmt ein Bad !

Soll ich zum Arzt gehen?
Ja, geh zum Arzt!

Sollen wir ein Bad nehmen?
Ja, nehmt ein Bad!

Soll ich das Fenster zumachen?
Ja, mach das Fenster zu!

Soll ich den Krankenschein
mitnehmen?
Ja, nimm den Krankenschein mit!

Sollen wir zu Hause bleiben?
Ja, bleibt zu Hause!

Soll ich Nasentropfen nehmen?
Ja, nimm Nasentropfen!

Sollen wir den Chef anrufen?
Ja, ruft den Chef an!

Sollen wir früh schlafen gehen?
Ja, geht früh schlafen!

Lektion 6, Übung 9

Sie dürfen nicht rauchen!
Ich habe doch nicht geraucht!
Ich habe doch nicht geraucht!
Ich habe doch nicht geraucht!

Sie dürfen nicht rauchen!
Ich habe doch nicht geraucht!

Sie dürfen nicht so viel Kuchen essen!
Ich habe doch nicht viel Kuchen
gegessen!

Sie dürfen kein Schlafmittel nehmen!
Ich habe doch kein Schlafmittel
genommen!

Sie dürfen keinen Alkohol trinken!
Ich habe doch keinen Alkohol
getrunken!

Sie dürfen nicht so viel fernsehen!
Ich habe doch nicht viel ferngesehen!

Sie dürfen nicht so fett kochen!
Ich habe doch nicht fett gekocht!

Sie dürfen nicht so viel arbeiten!
Ich habe doch nicht viel gearbeitet!

Sie dürfen nicht so spät ins Bett
gehen!
Ich gehe doch nicht spät ins Bett!

Lektion 6, Übung 10

Bist du schon aufgestanden?
Nein, ich will gerade aufstehen.
Nein, ich will gerade aufstehen.
Nein, ich will gerade aufstehen.

Bist du schon aufgestanden?
Nein, ich will gerade aufstehen.

Hast du schon gefrühstückt?
Nein, ich will gerade frühstücken.

Bist du schon einkaufen gegangen?
Nein, ich will gerade einkaufen gehen.

Hast du schon aufgeräumt?
Nein, ich will gerade aufräumen.

Bist du schon spazieren gegangen?
Nein, ich will gerade spazieren gehen.

Bist du schon in die Stadt gefahren?
Nein, ich will gerade in die Stadt
fahren.

Hast du die Rechnung schon bezahlt?
Nein, ich will die Rechnung gerade
bezahlen.

Hast du die Küche schon aufgeräumt?
Nein, ich will die Küche gerade
aufräumen.

Lektion 6, Übung 11

Pack deine Badehose ein!
Meine Badehose habe ich schon
eingepackt.
Meine Badehose habe ich schon
eingepackt.
Meine Badehose habe ich schon
eingepackt.

Pack deine Badehose ein!
Meine Badehose habe ich schon
eingepackt.

Nehmt eure Handschuhe mit!
Unsere Handschuhe haben wir schon
mitgenommen.

Bringt die Bierflaschen nach unten!
Die Bierflaschen haben wir schon
nach unten gebracht.

Trink deinen Hustensaft!
Meinen Hustensaft habe ich schon
getrunken.

Ruft eure Eltern an!
Unsere Eltern haben wir schon
angerufen.

Räum dein Zimmer auf!
Mein Zimmer habe ich schon
aufgeräumt.

Esst euer Abendessen!
Unser Abendessen haben wir schon
gegessen.

Nehmt eure Bücher mit!
Unsere Bücher haben wir schon
mitgenommen.

Lektion 6, Übung 12

Und jetzt erzählen Sie! Welche Krank-
heiten haben Sie manchmal?
Sie sind sehr erkältet. Was tun Sie?
Was kaufen Sie manchmal in der
Apotheke?
Warum sind Sie das letzte Mal zum
Arzt gegangen?
Was hat der Arzt gesagt?
Wie gesund leben und essen Sie?

Lektion 7

Lektion 7, Übung 1

Macht ihr bald die Prüfung?
Wir haben sie schon gemacht.
Wir haben sie schon gemacht.
Wir haben sie schon gemacht.

Macht ihr bald die Prüfung? ·
Wir haben sie schon gemacht.

Bekommt Frau Burkhart bald ihr
  Kind?
Sie hat es schon bekommen.

Telefonierst du gerade?
Ich habe schon telefoniert.

Wird Manfred bald Vater?
Er ist schon Vater geworden.

Heiraten Peter und Annette bald?
Sie haben schon geheiratet.

Fahrt ihr bald in Urlaub?
Wir sind schon in Urlaub gefahren.

Hast du bald Geburtstag?
Ich habe schon Geburtstag gehabt.

Verstehst du es jetzt?
Ich habe es schon verstanden.

Lektion 7, Übung 2

Kommt ihr im Februar?
Nein, wir kommen erst im März.
Nein, wir kommen erst im März.
Nein, wir kommen erst im März.

Kommt ihr im Februar?
Nein, wir kommen erst im März.

Macht ihr im Dezember Skiurlaub?
Nein, wir machen erst im Januar
  Skiurlaub.

Fahrt ihr im Mai weg?
Nein, wir fahren erst im Juni weg.

Zieht ihr im August um?
Nein, wir ziehen erst im September
  um.

Heiratet ihr im Oktober?
Nein, wir heiraten erst im November.

Fahrt ihr im April nach Spanien?
Nein, wir fahren erst im Mai nach
  Spanien.

Fängt der Urlaub im Juli an?
Nein, er fängt erst im August an.

Hört der Kurs im Juni auf?
Nein, er hört erst im Juli auf.

Lektion 7, Übung 3

Ich komme erst im März.
Letztes Jahr bist du schon im Februar
  gekommen.
Letztes Jahr bist du schon im Februar
  gekommen.
Letztes Jahr bist du schon im Februar
  gekommen.

Ich komme erst im März.
Letztes Jahr bist du schon im Februar
  gekommen.

Der Urlaub fängt erst im August an.
Letztes Jahr fing er schon im Juli an.

Ich fahre erst im Juni weg.
Letztes Jahr bist du schon im Mai
  weggefahren.

Der Kurs hört erst im Juli auf.
Letztes Jahr hat er schon im Juni
  aufgehört.

Ich mache erst im Januar Skiurlaub.
Letztes Jahr hast du schon im
  Dezember Skiurlaub gemacht.

Ich fahre erst im Mai nach Spanien.
Letztes Jahr bis du schon im April
  nach Spanien gefahren.

Lektion 7, Übung 4

Warum bist du nicht ins Schwimmbad
  mitgekommen?
(erkältet)
Tut mir Leid, ich war erkältet.
Tut mir Leid, ich war erkältet.
Tut mir Leid, ich war erkältet.

Warum bist du nicht mitgefahren?
(kein Geld)
Tut mir Leid, ich hatte kein Geld.
Tut mir Leid, ich hatte kein Geld.
Tut mir Leid, ich hatte kein Geld.

Warum bist du nicht ins Schwimmbad
mitgekommen?
(erkältet)
Tut mir Leid, ich war erkältet.

Warum bist du nicht mitgefahren?
(kein Geld)
Tut mir Leid, ich hatte kein Geld.

Warum bist du nicht in die Sauna
mitgegangen?
(Grippe)
Tut mir Leid, ich hatte Grippe.

Warum hast du nicht Fußball
gespielt?
(keine Lust)
Tut mir Leid, ich hatte keine Lust.

Warum bist du heute nicht ins Büro
gekommen?
(krank)
Tut mir Leid, ich war krank.

Warum hast du nicht eingekauft?
(keine Zeit)
Tut mir Leid, ich hatte keine Zeit.

Warum bist du so früh nach Hause
gegangen?
(müde)
Tut mir Leid, ich war müde.

Warum bist du nicht in die Disco
mitgekommen?
(Kopfschmerzen)
Tut mir Leid, ich hatte Kopfschmerzen.

Lektion 7, Übung 5

Schlafen Sie morgens lange?
Manchmal. Heute Morgen habe ich
lange geschlafen.
Manchmal. Heute Morgen habe ich
lange geschlafen.
Manchmal. Heute Morgen habe ich
lange geschlafen.

Schlafen Sie morgens lange?
Manchmal. Heute Morgen habe ich
lange geschlafen.

Macht Ihr Mann morgens das
Frühstück?
Manchmal. Heute Morgen hat er das
Frühstück gemacht.

Kochen Sie mittags das Essen?
Manchmal. Heute Mittag habe ich das
Essen gekocht.

Holen Sie mittags die Kinder ab?
Manchmal. Heute Mittag habe ich die
Kinder abgeholt.

Besuchen die Kinder nachmittags
Freunde?
Manchmal. Heute Nachmittag haben
sie Freunde besucht.

Räumen Sie nachmittags die
Wohnung auf?
Manchmal. Heute Nachmittag habe
ich die Wohnung aufgeräumt.

Geht Ihr Mann abends mit dem Hund
spazieren?
Manchmal. Heute Abend ist er mit
dem Hund spazieren gegangen.

Sehen die Kinder abends fern?
Manchmal. Heute Abend haben sie
ferngesehen.

Lektion 7, Übung 6

Kannst du den Arzt anrufen?
Leider nicht. Ruf du ihn bitte an.
Leider nicht. Ruf du ihn bitte an.
Leider nicht. Ruf du ihn bitte an.

Kannst du den Arzt anrufen?
Leider nicht. Ruf du ihn bitte an.

Kannst du die Rechnung bezahlen?
Leider nicht. Bezahl du bitte die
Rechnung.

Kannst du die Kinder anziehen?
Leider nicht. Zieh du bitte die Kinder
an.

Kannst du das Auto waschen?
Leider nicht. Wasch du bitte das Auto.

Kannst du den Brief schreiben?
Leider nicht. Schreib du bitte den
Brief.

Kannst du das Essen vorbereiten?
Leider nicht. Bereite du bitte das
Essen vor.

Kannst du die Schuhe putzen?
Leider nicht. Putz du bitte die Schuhe.

Kannst du den Knopf annähen?
Leider nicht. Näh du bitte den Knopf
an.

Lektion 7, Übung 7

Räum bitte das Wohnzimmer auf!
Ich habe es doch schon aufgeräumt.
Ich habe es doch schon aufgeräumt.
Ich habe es doch schon aufgeräumt.

Räum bitte das Wohnzimmer auf!
Ich habe es doch schon aufgeräumt.

Mach bitte das Fenster auf!
Ich habe es doch schon aufgemacht.

Bring bitte das Geld mit!
Ich habe es doch schon mitgebracht.

Häng bitte die Wäsche auf!
Ich habe sie doch schon aufgehängt.

Bring bitte die Bücher zurück!
Ich habe sie doch schon zurück-
gebracht.

Mach bitte den Fernseher an!
Ich habe ihn doch schon angemacht.

Zieh bitte die Jacke an!
Ich habe sie doch schon angezogen.

Hol bitte die Gäste vom Bahnhof ab!
Ich habe sie doch schon abgeholt.

Lektion 7, Übung 8

Jens möchte schwimmen.
(Schwimmbad)
Dann soll er doch ins Schwimmbad
gehen.
Dann soll er doch ins Schwimmbad
gehen.
Dann soll er doch ins Schwimmbad
gehen.

Jens möchte schwimmen.
(Schwimmbad)
Dann soll er doch ins Schwimmbad
gehen.

Peter möchte ein Buch kaufen.
(Buchhandlung)
Dann soll er doch in die Buch-
handlung gehen.

Anna möchte mit dem Bus fahren.
(Bushaltestelle)
Dann soll sie doch zur Bushaltestelle
gehen.

Jens möchte einen Film sehen.
(Kino)
Dann soll er doch ins Kino gehen.

Peter möchte telefonieren.
(Telefonzelle)
Dann soll er doch in die Telefonzelle
gehen.

Anna möchte einkaufen.
(Supermarkt)
Dann soll sie doch in den Supermarkt
gehen.

Jens möchte mit Freunden spielen.
(Kindergarten)
Dann soll er doch in den Kindergarten
gehen.

Lektion 7, Übung 9

Gehst du in den Garten?
Im Garten war ich schon.
Im Garten war ich schon.
Im Garten war ich schon.

Gehst du in den Garten?
Im Garten war ich schon.

Gehst du in die Bibliothek?
In der Bibliothek war ich schon.

Gehst du ins Büro?
Im Büro war ich schon.

Gehst du in den Supermarkt?
Im Supermarkt war ich schon.

Gehst du in die Stadt?
In der Stadt war ich schon.

Gehst du in den Wald?
Im Wald war ich schon.

Gehst du in die Schule?
In der Schule war ich schon.

Gehst du ins Krankenhaus?
Im Krankenhaus war ich schon.

Lektion 7, Übung 10

Der Pullover? Den habe ich in den
Schrank getan.
Im Schrank ist er aber nicht.
Im Schrank ist er aber nicht.
Im Schrank ist er aber nicht.

Der Pullover? Den habe ich in den
Schrank getan.
Im Schrank ist er aber nicht.

Das Buch? Das habe ich ins Regal
gelegt.
Im Regal ist es aber nicht.

Die Schuhe? Die habe ich in die
Küche gebracht.
In der Küche sind sie aber nicht.

Die Flaschen? Die habe ich in den
Keller gebracht.
Im Keller sind sie aber nicht.

Die Briefe? Die habe ich auf den
Tisch gelegt.
Auf dem Tisch sind sie aber nicht.

Das Auto? Das habe ich in die Garage
gebracht.
In der Garage ist es aber nicht.

Die Kamera? Die habe ich ins
Wohnzimmer gelegt.
Im Wohnzimmer ist sie aber nicht.

Das Fahrrad? Das habe ich in den
Garten gebracht.
Im Garten ist es aber nicht.

Lektion 7, Übung 11

Die Firma hat den Teppich noch nicht
gebracht.
Sie muss ihn heute noch bringen.
Sie muss ihn heute noch bringen.
Sie muss ihn heute noch bringen.

Die Firma hat den Teppich noch nicht gebracht.
Sie muss ihn heute noch bringen.

Der Handwerker hat die Lampen noch nicht montiert.
Er muss sie heute noch montieren.

Der Tischler hat die Türen noch nicht repariert.
Er muss sie heute noch reparieren.

Die Möbelfirma hat das Bett noch nicht geliefert.
Sie muss es heute noch liefern.

Marianne hat die Vorhänge noch nicht aufgehängt.
Sie muss sie heute noch aufhängen.

Der Monteur hat die Waschmaschine noch nicht angeschlossen.
Er muss sie heute noch anschließen.

Die Vormieter haben ihre Koffer noch nicht abgeholt.
Sie müssen sie heute noch abholen.

Marianne hat den Vermieter noch nicht informiert.
Sie muss ihn heute noch informieren.

Lektion 7, Übung 12

Und jetzt erzählen Sie! Was haben Sie am Wochenende gemacht?
Haben Sie schon einmal einen Unfall gehabt?
Wann und wo?
Wann haben Sie das letzte Mal eine Prüfung gemacht?
Was haben Sie heute Morgen um zehn Uhr gemacht?
Wann sind Sie das letzte Mal umgezogen?
Hatten Sie dabei Probleme?
Ist letztes Jahr in Ihrer Familie etwas Lustiges oder Aufregendes passiert?

Lektion 8

Lektion 8, Übung 1

Wo kann ich ein Buch kaufen?
In der Buchhandlung natürlich!
In der Buchhandlung natürlich!
In der Buchhandlung natürlich!

Wo kann ich ein Buch kaufen?
In der Buchhandlung natürlich!

Wo kann ich eine Reise buchen?
Im Reisebüro natürlich.

Wo bekomme ich Briefmarken?
Auf der Post natürlich.

Wo kann ich Obst kaufen?
Auf dem Markt natürlich.

Wo kann ich telefonieren?
In der Telefonzelle natürlich.

Wo bekomme ich einen Pass?
Auf dem Rathaus natürlich.

Wo kann ich mein Auto reparieren lassen?
In der Autowerkstatt natürlich.

Wo kann ich Geld wechseln?
Auf der Bank natürlich.

Lektion 8, Übung 2

Wir möchten ein Buch kaufen.
Dann gehen Sie in die Buchhandlung.
Dann gehen Sie in die Buchhandlung.
Dann gehen Sie in die Buchhandlung.

Wir möchten ein Buch kaufen.
Dann gehen Sie in die Buchhandlung.

Wir möchten eine Reise buchen.
Dann gehen Sie in ein Reisebüro.

Wir brauchen Briefmarken.
Dann gehen Sie zur Post.

Wir möchten Obst kaufen.
Dann gehen Sie auf den Markt.

Wir brauchen einen Pass.
Dann gehen Sie auf das Rathaus.

Wir möchten Geld wechseln.
Dann gehen Sie zur Bank.

Wir möchten einen Film sehen.
Dann gehen Sie ins Kino.

Wir möchten Musik hören und
tanzen.
Dann gehen Sie in die Disco.

Lektion 8, Übung 3

Ich muss noch die Fahrkarten kaufen.
Ich fahre Sie zum Bahnhof.
Ich fahre Sie zum Bahnhof.
Ich fahre Sie zum Bahnhof.

Ich muss noch die Fahrkarten kaufen.
Ich fahre Sie zum Bahnhof.

Ich muss noch Medikamente
besorgen.
Ich fahre Sie zur Apotheke.

Ich muss noch die Jacke reinigen
lassen.
Ich fahre Sie zur Reinigung.

Ich muss noch Salat und Gemüse
kaufen.
Ich fahre Sie zum Markt.

Ich muss noch meinen Paß abholen.
Ich fahre Sie zum Rathaus.

Ich muss noch Fotos machen lassen.
Ich fahre Sie zum Fotografen.

Ich muss noch Geld abheben.
Ich fahre Sie zur Bank.

Ich muss noch Fleisch besorgen.
Ich fahre Sie zum Metzger.

Lektion 8, Übung 4

Ich gehe zum Arzt.
Warst du nicht schon beim Arzt?
Warst du nicht schon beim Arzt?
Warst du nicht schon beim Arzt?

Ich gehe zur Post.
Warst du nicht schon auf der Post?
Warst du nicht schon auf der Post?
Warst du nicht schon auf der Post?

Ich gehe zum Arzt.
Warst du nicht schon beim Arzt?

Ich gehe zur Post.
Warst du nicht schon auf der Post?

Ich gehe zum Deutschkurs.
Warst du nicht schon beim Deutschkurs?

Ich gehe zum Friseur.
Warst du nicht schon beim Friseur?

Ich gehe auf die Bank.
Warst du nicht schon auf der Bank?

Ich gehe zu Inge.
Warst du nicht schon bei Inge?

Ich gehe zur Masseurin.
Warst du nicht schon bei der
Masseurin?

Ich gehe zum Getränkemarkt.
Warst du nicht schon beim
Getränkemarkt?

Lektion 8, Übung 5

An der Kirche vorbei?
Nein, bis zur Kirche, dann rechts.
Nein, bis zur Kirche, dann rechts.
Nein, bis zur Kirche, dann rechts.

An der Kirche vorbei?
Nein, bis zur Kirche, dann rechts.

Am Stadtpark geradeaus?
Nein, bis zum Stadtpark, dann rechts.

An der Volksbank vorbei?
Nein, bis zur Volksbank, dann rechts.

Am Marktplatz geradeaus?
Nein, bis zum Marktplatz, dann
rechts.

An der Kreuzung geradeaus?
Nein, bis zur Kreuzung, dann rechts.

Am Bahnhof vorbei?
Nein, bis zum Bahnhof, dann rechts.

Am Schillerdenkmal vorbei?
Nein, bis zum Schillerdenkmal, dann
rechts.

An der Mercedes-Werkstatt
geradeaus?
Nein, bis zur Mercedes-Werkstatt,
dann rechts.

Lektion 8, Übung 6

Entschuldigung, wo ist hier eine
Telefonzelle?
(Hauptstraße / Post)
In der Hauptstraße, neben der Post.
In der Hauptstraße, neben der Post.
In der Hauptstraße, neben der Post.

Entschuldigung, wo ist hier eine
Telefonzelle?
(Hauptstraße / Post)
In der Hauptstraße, neben der Post.

Entschuldigung, wo ist hier eine
Bibliothek?
(Marktplatz / Rathaus)
Auf dem Marktplatz, neben dem
Rathaus.

Entschuldigung, wo ist hier ein
Chinarestaurant?
(Giergasse / Getränkemarkt)
In der Giergasse, neben dem
Getränkemarkt.

Entschuldigung, wo ist hier ein Hotel?
(Bahnhofstraße / Bahnhof)
In der Bahnhofstraße, neben dem
Bahnhof.

Entschuldigung, wo ist hier eine
Bäckerei?
(Goetheplatz / Schule)
Am Goetheplatz, neben der Schule.

Entschuldigung, wo ist hier ein
Parkplatz?
(Linzer Straße / Supermarkt)
In der Linzer Straße, neben dem
Supermarkt.

Entschuldigung, wo ist hier eine
Apotheke?
(Kirchgasse / Stadtbücherei)
In der Kirchgasse, neben der Stadt-
bücherei.

Entschuldigung, wo ist hier ein Arzt?
(Rathausgasse / Café Krone)
In der Rathausgasse, neben dem Café
Krone.

Lektion 8, Übung 7

Sie müssen unbedingt den Ku'damm
sehen!
Gern! Wie komme ich zum Ku'damm?
Gern! Wie komme ich zum Ku'damm?
Gern! Wie komme ich zum Ku'damm?

Sie müssen unbedingt den Ku'damm
sehen!
Gern! Wie komme ich zum Ku'damm?

Sie müssen unbedingt die
Nationalgalerie sehen!
Gern! Wie komme ich zur
Nationalgalerie?

Sie müssen unbedingt den
Alexanderplatz sehen!
Gern! Wie komme ich zum
Alexanderplatz?

Sie müssen unbedingt die
Philharmonie sehen!
Gern! Wie komme ich zur
Philharmonie?

Sie müssen unbedingt das Museum für
Deutsche Geschichte sehen!
Gern. Wie komme ich zum Museum
für Deutsche Geschichte?

Sie müssen unbedingt die Humboldt-
Universität sehen!
Gern. Wie komme ich zur Humboldt-
Universität?

Sie müssen unbedingt die Gedächtnis-
kirche sehen!
Gern. Wie komme ich zur
Gedächtniskirche?

Sie müssen unbedingt das Branden-
burger Tor sehen!
Gern. Wie komme ich zum Branden-
burger Tor?

Lektion 8, Übung 8

Liegt meine Brille auf dem Regal?
Ja, ich habe sie aufs Regal gelegt.
Ja, ich habe sie aufs Regal gelegt.
Ja, ich habe sie aufs Regal gelegt.

Stehen meine Schuhe unter dem Bett?
Ja, ich habe sie unter das Bett gestellt.
Ja, ich habe sie unter das Bett gestellt.
Ja, ich habe sie unter das Bett gestellt.

Liegt meine Brille auf dem Regal?
Ja, ich habe sie aufs Regal gelegt.

Stehen meine Schuhe unter dem Bett?
Ja, ich habe sie unter das Bett gestellt.

Liegt die Zeitung zwischen den
Büchern?
Ja, ich habe sie zwischen die Bücher
gelegt.

Steht die Lampe hinter der Couch?
Ja, ich habe sie hinter die Couch
gestellt.

Steht die Pflanze am Fenster?
Ja, ich habe sie ans Fenster gestellt.

Liegt der Teppich vor dem Esstisch?
Ja, ich habe ihn vor den Esstisch
gelegt.

Steht das Telefon neben dem
Computer?
Ja, ich habe es neben den Computer
gestellt.

Liegen die Bücher neben der
Schreibmaschine?
Ja, ich habe sie neben die Schreib-
maschine gelegt.

Lektion 8, Übung 9

Wir kommen gerade aus Berlin.
Nach Berlin muss ich auch bald.
Nach Berlin muss ich auch bald.
Nach Berlin muss ich auch bald.

Wir kommen gerade vom Arzt.
Zum Arzt muss ich auch bald.
Zum Arzt muss ich auch bald.
Zum Arzt muss ich auch bald.

Wir kommen gerade aus Berlin.
Nach Berlin muss ich auch bald.

Wir kommen gerade vom Arzt.
Zum Arzt muss ich auch bald.

Wir kommen gerade aus dem
  Krankenhaus.
Ins Krankenhaus muss ich auch bald.

Wir kommen gerade von der Bank.
Zur Bank muss ich auch bald.

Wir kommen gerade aus der Schweiz.
In die Schweiz muss ich auch bald.

Wir kommen gerade vom Flughafen.
Zum Flughafen muss ich auch bald.

Wir kommen gerade von der
  Autowerkstatt.
In die Autowerkstatt muss ich auch
  bald.

Lektion 8, Übung 10

Und jetzt erzählen Sie! Wo sind Sie
  heute schon gewesen?
Wohin gehen Sie heute noch?
Welche Reisen haben Sie schon
  gemacht?
Sie wollen eine Reise machen. Was
  müssen Sie zuerst erledigen?
Wie kommen Sie von zu Hause zum
  Deutschkurs?
Was kann man auf einer
  Stadtrundfahrt in Ihrer Stadt sehen?

Lektion 9

Lektion 9, Übung 1

Martin hat morgen Geburtstag.
Was schenken wir ihm?
Was schenken wir ihm?
Was schenken wir ihm?

Martin hat morgen Geburtstag.
Was schenken wir ihm?

Beate feiert ihr Dienstjubiläum.
Was schenken wir ihr?

Ulla und Inge geben eine Party.
Was schenken wir ihnen?

Frau Kurz hat bald Geburtstag.
Was schenken wir ihr?

Jochen und Claudia heiraten nächste
  Woche.
Was schenken wir ihnen?

Herr und Frau Holster feiern morgen
  Hochzeitstag.
Was schenken wir ihnen?

Frau Ingold hat ein Baby bekommen.
Was schenken wir ihr?

Klaus hat sein Examen gemacht.
Was schenken wir ihm?

Lektion 9, Übung 2

Schmeckt den Kindern das Eis?
Ja, das schmeckt ihnen gut.
Ja, das schmeckt ihnen gut.
Ja, das schmeckt ihnen gut.

Schmeckt den Kindern das Eis?
Ja, das schmeckt ihnen gut.

Schmeckt Ihnen der Wein?
Ja, der schmeckt mir gut.

Schmeckt euch der Schweinebraten?
Ja, der schmeckt uns gut.

Schmeckt Rita der Apfelkuchen?
Ja, der schmeckt ihr gut.

Schmecken dir die Pralinen?
Ja, die schmecken mir gut.

Schmeckt dem Kind die Pizza?
Ja, die schmeckt ihm gut.

Lektion 9, Übung 3

Gehört das Fahrrad dir?
Nein, das gehört mir nicht.
Nein, das gehört mir nicht.
Nein, das gehört mir nicht.

Gehört das Fahrrad dir?
Nein, das gehört mir nicht.

Gehört der Koffer Herrn und Frau
   Kern?
Nein, der gehört ihnen nicht.

Gehört das Feuerzeug deiner Mutter?
Nein, das gehört ihr nicht.

Gehört der Hund euch?
Nein, der gehört uns nicht.

Gehört der Plattenspieler deinen
   Eltern?
Nein, der gehört ihnen nicht.

Gehören die Kassetten Eva?
Nein, die gehören ihr nicht.

Gehört der Ball den Kindern?
Nein, der gehört ihnen nicht.

Gehören die Zigaretten Herrn Berger?
Nein, die gehören ihm nicht.

Lektion 9, Übung 4

Herr May raucht viel.
(Feuerzeug)
Ihm können wir ein Feuerzeug
   schenken.
Ihm können wir ein Feuerzeug
   schenken.
Ihm können wir ein Feuerzeug
   schenken.

Herr May raucht viel.
(Feuerzeug)
Ihm können wir ein Feuerzeug
   schenken.

Lisa hört gerne Musik.
(Schallplatte)
Ihr können wir eine Schallplatte
   schenken.

Jürgen lernt Französisch.
(Wörterbuch)
Ihm können wir ein Wörterbuch
   schenken.

Herr Heinen fotografiert viel.
(Filme)
Ihm können wir Filme schenken.

Ilona kocht gern.
(Kochbuch)
Ihr können wir ein Kochbuch
   schenken.

Martin fährt gern Ski.
(Skibrille)
Ihm können wir eine Skibrille
   schenken.

Herr und Frau Kampmann fahren
   bald nach Italien.
(Reiseführer)
Ihnen können wir einen Reiseführer
   schenken.

Peters Auto geht immer kaputt.
(Werkzeug)
Ihm können wir Werkzeug schenken.

Lektion 9, Übung 5

Florian möchte ein Radio haben.
Ich kaufe ihm eins.
Ich kaufe ihm eins.
Ich kaufe ihm eins.

Steffi braucht Tennisschuhe.
Ich kaufe ihr welche.
Ich kaufe ihr welche.
Ich kaufe ihr welche.

Florian möchte ein Radio haben.
Ich kaufe ihm eins.

Steffi braucht Tennisschuhe.
Ich kaufe ihr welche.

Ich brauche Weingläser.
Ich kaufe dir welche.

Bernd und Sabine möchten ein
  Wörterbuch haben.
Ich kaufe ihnen eins.

Paul braucht ein Feuerzeug.
Ich kaufe ihm eins.

Silke möchte einen Videorekorder
  haben.
Ich kaufe ihr einen.

Herr und Frau Lindner brauchen
  Gartenstühle.
Ich kaufe ihnen welche.

Ich möchte einen Hund haben.
Ich kaufe dir einen.

Lektion 9, Übung 6

Der Film war interessant.
Der gestern war noch interessanter.
Der gestern war noch interessanter.
Der gestern war noch interessanter.

Der Film war interessant.
Der gestern war noch interessanter.

Die Hausaufgaben waren leicht.
Die gestern waren noch leichter.

Der Unterricht war langweilig.
Der gestern war noch langweiliger.

Das Brot war alt.
Das gestern war noch älter.

Der Kaffe war dünn.
Der gestern war noch dünner.

Die Brötchen waren frisch.
Die gestern waren noch frischer.

Die Eintrittskarte war teuer.
Die gestern war noch teurer.

Das Essen war gut.
Das gestern war noch besser.

Lektion 9, Übung 7

Meine Kamera funktioniert gut.
Besser als meine Kamera?
Besser als meine Kamera?
Besser als meine Kamera?

Meine Kamera funktioniert gut.
Besser als meine Kamera?

Mein Schlafsack ist warm.
Wärmer als mein Schlafsack?

Unser Hund ist schon alt.
Älter als unser Hund?

Meine Frau kocht gern.
Lieber als meine Frau?

Unser Sohn spricht gut Englisch.
Besser als mein Sohn?

Meine Frau ist noch sehr jung.
Jünger als meine Frau?

Wir wohnen sehr ruhig.
Ruhiger als wir?

Unser Haus ist hell und modern.
Heller und moderner als unseres?

Lektion 9, Übung 8

Frau Meier ist so elegant!
Aber du bist doch viel eleganter!
Aber du bist doch viel eleganter!
Aber du bist doch viel eleganter!

Frau Meiers Kinder sind so intelligent!
Aber unsere sind doch viel intelligenter!
Aber unsere sind doch viel intelligenter!
Aber unsere sind doch viel intelligenter!

Frau Meier ist so elegant!
Aber du bist doch viel eleganter!

Frau Meiers Kinder sind so intelligent!
Aber unsere sind doch viel
intelligenter!

Frau Meier ist so schlank!
Aber du bist doch viel schlanker!

Frau Meiers Haus ist so schön!
Aber unseres ist doch viel schöner!

Frau Meiers Kleidung ist so teuer!
Aber deine ist doch viel teurer!

Frau Meiers Mann ist so reich!
Aber ich bin doch viel reicher!

Lektion 9, Übung 9

Möchtest du das Auto da?
(schnell)
Nein, das hier. Das ist am schnellsten.
Nein, das hier. Das ist am schnellsten.
Nein, das hier. Das ist am schnellsten.

Möchtest du das Auto da?
(schnell)
Nein, das hier. Das ist am schnellsten.

Möchtest du die Schreibmaschine da?
(praktisch)
Nein, die hier. Die ist am praktisch-
sten.

Möchtest du das Bett da?
(bequem)
Nein, das hier. Das ist am bequem-
sten.

Möchtest du die Handtasche da?
(groß)
Nein, die hier. Die ist am größten.

Möchtest du die Schuhe da?
(sportlich)
Nein, die hier. Die sind am sport-
lichsten.

Möchtest du den Fernseher da?
(modern)
Nein, den hier. Der ist am modern-
sten.

Möchtest du die Stühle da?
(billig)
Nein, die hier. Die sind am billigsten.

Möchtest du den Elektroherd da?
(gut)
Nein, den hier. Der ist am besten.

Lektion 9, Übung 10

Das Motorrad gefällt mir, aber es ist
zu teuer.
Dann nimm doch das hier, das ist
billiger.
Dann nimm doch das hier, das ist
billiger.
Dann nimm doch das hier, das ist
billiger.

Das Motorrad gefällt mir, aber es ist
zu teuer.
Dann nimm doch das hier, das ist
billiger.

Der Computer gefällt mir, aber er ist
zu groß.
Dann nimm doch den hier, der ist
kleiner.

Das Regal gefällt mir, aber es ist zu
breit.
Dann nimm doch das hier, das ist
schmaler.

Die Vorhänge gefallen mir, aber sie
sind zu lang.
Dann nimm doch die hier, die sind
kürzer.

Die Brille gefällt mir, aber sie ist zu
dunkel.
Dann nimm doch die hier, die ist
heller.

Der Walkman gefällt mir, aber er ist
zu schwer.
Dann nimm doch den hier, der ist
leichter.
Die Sessel gefallen mir, aber sie sind
zu niedrig.
Dann nimm doch die hier, die sind
höher.
Die Skihose gefällt mir, aber sie ist zu
klein.
Dann nimm doch die hier, die ist
größer.

Lektion 9, Übung 11

Können Sie unserem Gast die Stadt
zeigen?
Ich habe ihm die Stadt doch schon
gezeigt.
Ich habe ihm die Stadt doch schon
gezeigt.
Ich habe ihm die Stadt doch schon
gezeigt.

Können Sie unserem Gast die Stadt
zeigen?
Ich habe ihm die Stadt doch schon
gezeigt.

Können Sie meiner Frau die Fahrkarten geben?
Ich habe ihr die Fahrkarten doch
schon gegeben.

Können Sie mir das Geld leihen?
Ich habe Ihnen das Geld doch schon
geliehen.

Können Sie den Studenten den Dativ
erklären?
Ich habe ihnen den Dativ doch schon
erklärt.

Können Sie meiner Freundin helfen?
Ich habe ihr doch schon geholfen.

Können Sie dem Chef die Photos
schicken?
Ich habe ihm die Photos doch schon
geschickt.

Können Sie uns die Bücher mitbringen?
Ich habe Ihnen die Bücher doch
schon mitgebracht.

Können Sie meiner Sekretärin den
Text diktieren?
Ich habe ihr den Text doch schon
diktiert.

Lektion 9, Übung 12

Und jetzt erzählen Sie! Wem in Ihrer
Familie schenken Sie öfter etwas?
Was haben Sie Ihrer Mutter oder
Ihrem Vater, Ihrer Frau oder Ihrem
Mann zum Geburtstag geschenkt?
Was kaufen Sie am liebsten?
Ihr bester Freund oder Ihre beste
Freundin hat Geburtstag. Was
schenken Sie ihm oder ihr?
Was machen Sie in Ihrer Freizeit am
liebsten?
Was ist für Sie am wichtigsten: Beruf,
Familie, Freizeit?

Lektion 10

Lektion 10, Übung 1

Ist die Veranstaltung am 15.7.?
Nein, am 16.7. Der 15.7. ist ein
Sonntag.
Nein, am 16.7. Der 15.7. ist ein
Sonntag.
Nein, am 16.7. Der 15.7. ist ein
Sonntag.

Ist die Veranstaltung am 15.7.?
Nein, am 16.7. Der 15.7. ist ein
Sonntag.

Ist das Interview am 19.3.?
Nein, am 20.3. Der 19.3. ist ein
Sonntag.

Fängt der Deutschkurs am 2.10. an?
Nein, am 3.10. Der 2.10. ist ein
Sonntag.

Ist der Vortrag am 22.5.?
Nein, am 23.5. Der 22.5. ist ein
Sonntag.

Ist die Prüfung am 20.12.?
Nein, am 21.12. Der 20.12. ist ein
Sonntag.

Ist das Gespräch am 9.1.?
Nein, am 10.1. Der 9.1. ist ein
Sonntag.

Ist der Ausflug am 8.8.?
Nein, am 9.8. Der 8.8. ist ein Sonntag.

Fängt die Schule am 30.8. an?
Nein, am 31.8. Der 30.8. ist ein
Sonntag.

Lektion 10, Übung 2

Gehört das Fahrrad Peter?
Nein, Peters Fahrrad ist größer.
Nein, Peters Fahrrad ist größer.
Nein, Peters Fahrrad ist größer.

Gehört das Fahrrad Peter?
Nein, Peters Fahrrad ist größer.

Gehört der Mantel Manuela?
Nein, Manuelas Mantel ist größer.

Gehört die Pfeife Opa?
Nein, Opas Pfeife ist größer.

Gehört das Auto Tante Hilde?
Nein, Tante Hildes Auto ist größer.

Gehört die Kamera Jochen?
Nein, Jochens Kamera ist größer.

Gehören die Schuhe Sophie?
Nein, Sophies Schuhe sind größer.

Lektion 10, Übung 3

War dein Vater dabei?
Nein, nur ein Freund meines Vaters.
Nein, nur ein Freund meines Vaters.
Nein, nur ein Freund meines Vaters.

War dein Vater dabei?
Nein, nur ein Freund meines Vaters.

War deine Mutter dabei?
Nein, nur eine Freundin meiner
Mutter.

War dein Mann dabei?
Nein, nur ein Freund meines Mannes.

War deine Frau dabei?
Nein, nur eine Freundin meiner Frau.

War deine Kollegin dabei?
Nein, nur eine Freundin meiner
Kollegin.

War deine Tante dabei?
Nein, nur eine Freundin meiner
Tante.

Lektion 10, Übung 4

Wo ist deine Schule?
Hier ist die Adresse meiner Schule.
Hier ist die Adresse meiner Schule.
Hier ist die Adresse meiner Schule.

Wo ist deine Schule?
Hier ist die Adresse meiner Schule.

Wo ist die Apotheke?
Hier ist die Adresse der Apotheke.

Wo wohnen deine Eltern?
Hier ist die Adresse meiner Eltern.

Wo ist das Sportzentrum?
Hier ist die Adresse des
 Sportzentrums.

Wo wohnt dein Freund?
Hier ist die Adresse meines Freundes.

Wo ist dein Büro?
Hier ist die Adresse meines Büros.

Wo wohnt deine Ärztin?
Hier ist die Adresse meiner Ärztin.

Wo ist dein Lieblingsrestaurant?
Hier ist die Adresse meines
 Lieblingsrestaurants.

Lektion 10, Übung 5

Lesen Sie öfter deutsche Zeitungen?
Ja natürlich. Ich bin Deutscher.
Ja natürlich. Ich bin Deutscher.
Ja natürlich. Ich bin Deutscher.

Lesen Sie öfter deutsche Zeitungen?
Ja natürlich. Ich bin Deutscher.

Lesen Sie öfter englische Zeitungen?
Ja natürlich. Ich bin Engländer.

Lesen Sie öfter japanische Zeitungen?
Ja natürlich. Ich bin Japaner.

Lesen Sie öfter französische
 Zeitungen?
Ja natürlich. Ich bin Franzose.

Lesen Sie öfter russische Zeitungen?
Ja natürlich. Ich bin Russe.

Lesen Sie öfter italienische
 Zeitungen?
Ja natürlich. Ich bin Italiener.

Lesen Sie öfter portugiesische
 Zeitungen?
Ja natürlich. Ich bin Portugiese.

Lesen Sie öfter griechische
 Zeitungen?
Ja natürlich. Ich bin Grieche.

Lektion 10, Übung 6

Yoku Hoto ist aus Tokio.
Ah, sie ist Japanerin. Ich spreche
 leider kein Wort Japanisch.
Ah, sie ist Japanerin. Ich spreche
 leider kein Wort Japanisch.
Ah, sie ist Japanerin. Ich spreche
 leider kein Wort Japanisch.

Yoku Hoto ist aus Tokio.
Ah, sie ist Japanerin. Ich spreche
 leider kein Wort Japanisch.

Yasmin Young ist aus Seoul.
Ah, sie ist Koreanerin. Ich spreche
 leider kein Wort Koreanisch.

Jenny Jones kommt aus New York.
Ah, sie ist Amerikanerin. Ich spreche
 leider kein Wort Englisch.

Maria Gonzales kommt aus
 Barcelona.
Ah, sie ist Spanierin. Ich spreche
 leider kein Wort Spanisch.

Dalia Übluk kommt aus Ankara.
Ah, sie ist Türkin. Ich spreche leider
 kein Wort Türkisch.

Marita van Esten ist aus Warschau.
Ah, sie ist Polin. Ich spreche leider
 kein Wort Polnisch.

Britta Svenson ist aus Stockholm.
Ah, sie ist Schwedin. Ich spreche
 leider kein Wort Schwedisch.

Aida Murat ist aus Paris.
Ah, sie ist Französin. Ich spreche
 leider kein Wort Französisch.

Lektion 10, Übung 7

Ich möchte im Urlaub Rad fahren.
(Münsterland)
Dann fahr doch ins Münsterland, da
  kann man gut Rad fahren.
Dann fahr doch ins Münsterland, da
  kann man gut Rad fahren.
Dann fahr doch ins Münsterland, da
  kann man gut Rad fahren.

Ich möchte im Urlaub Rad fahren.
(Münsterland)
Dann fahr doch ins Münsterland, da
  kann man gut Rad fahren.

Ich möchte im Urlaub Ski fahren.
(Feldberg)
Dann fahr doch auf den Feldberg, da
  kann man gut skifahren.

Ich möchte im Urlaub segeln.
(Nordsee)
Dann fahr doch an die Nordsee, da
  kann man gut segeln.

Ich möchte im Urlaub wandern.
(Mark Brandenburg)
Dann fahr doch in die Mark Branden-
burg, da kann man gut wandern.

Ich möchte im Urlaub bergsteigen.
(Allgäu)
Dann fahr doch ins Allgäu, da kann
  man gut bergsteigen.

Ich möchte im Urlaub reiten.
(Lüneburger Heide)
Dann fahr doch in die Lüneburger
  Heide, da kann man gut reiten.

Ich möchte im Urlaub sonnenbaden
und schwimmen.
(Bodensee)
Dann fahr doch zum Bodensee, da
  kann man gut sonnenbaden und
  schwimmen.

Ich möchte im Urlaub surfen.
(Ostsee)
Dann fahr doch an die Ostsee, da kann
  man gut surfen.

Lektion 10, Übung 8

Komm, wir gehen in den Englischen
  Garten!
Im Englischen Garten war ich schon.
Im Englischen Garten war ich schon.
Im Englischen Garten war ich schon.

Komm, wir gehen in den Englischen
  Garten!
Im Englischen Garten war ich schon.

Komm, wir gehen zum Viktualienmarkt!
Auf dem Viktualienmarkt war ich
  schon.

Komm, wir gehen ins Hofbräuhaus!
Im Hofbräuhaus war ich schon.

Komm, wir gehen zum Marienplatz!
Am Marienplatz war ich schon.

Komm, wir gehen zur Frauenkirche!
In der Frauenkirche war ich schon.

Komm, wir gehen nach Schwabing!
In Schwabing war ich schon.

Komm, wir gehen ins Residenztheater!
Im Residenztheater war ich schon.

Komm, wir fahren zum Olympiazentrum!
Im Olympiazentrum war ich schon.

Lektion 10, Übung 9

Welche Städte am Bodensee haben
Sie besucht?
Die Namen der Städte habe ich leider
vergessen.
Die Namen der Städte habe ich leider
vergessen.
Die Namen der Städte habe ich leider
vergessen.

Welche Städte am Bodensee haben
Sie besucht?
Die Namen der Städte habe ich leider
vergessen.

Mit welcher Fluglinie sind Sie nach
Berlin geflogen?
Den Namen der Fluglinie habe ich
leider vergessen.

In welchem Hotel haben Sie in
Düsseldorf gewohnt?
Den Namen des Hotels habe ich
leider vergessen.

In welchem Museum sind Sie heute
gewesen?
Den Namen des Museums habe ich
leider vergessen.

Welche Kirchen haben Sie in Köln
besichtigt?
Die Namen der Kirchen habe ich
leider vergessen.

Welcher Reiseleiter hat Ihnen Leipzig
gezeigt?
Den Namen des Reiseleiters habe ich
leider vergessen.

Lektion 10, Übung 10

Und jetzt erzählen Sie! Wann und wo
sind Sie geboren?
Wann sind Sie in die Schule
gegangen?
Seit wann lernen Sie Deutsch?
Wie heißt die Hauptstadt Ihres
Landes?
Wie viele Nachbarländer hat Ihr
Land?
Welche Flüsse fließen durch Ihr
Land?
Welche Gebiete sind am schönsten?
Welche Sprachen spricht man bei
Ihnen?

Geschichten zum Lesen und Lernen

Anruf für einen Toten

Kriminalgeschichten

88 Seiten, mit Zeichnungen, gh. ISBN 3–19–001343–8

Schläft wohl gern länger

Jugendgeschichten

64 Seiten, mit Zeichnungen, gh. ISBN 3–19–001395–0

Täglich dasselbe Theater

Heitere Geschichten für Jung und Alt

68 Seiten, mit Zeichnungen, gh. ISBN 3–19–001426–4

Start mit Schwierigkeiten

Reiseerzählungen

60 Seiten, mit Zeichnungen, gh. ISBN 3–19–001379–9

Einer wie ich

Geschichten aus der Welt des Sports

72 Seiten, mit Fotos und Zeichnungen, gh. ISBN 3–19–001397–7

Hueber – Sprachen der Welt

In der Grundstufe:
Lesestrategien lernen

Lesetraining

für Jugendliche und junge
Erwachsene in der Grundstufe
für Deutsch als Fremdsprache
von Manuela Georgiakaki
112 Seiten mit Fotos und
Zeichnungen
ISBN 3–19–001619–4

»Lesetraining« richtet sich
an jugendliche Lerner in der
Grundstufe. Es konzentriert
sich auf systematische
Übungen zur Fertigkeit
„Leseverstehen" und ist
lehrwerksbegleitend in
Kursen einsetzbar. Einen
besonderen Stellenwert
nehmen dabei Texte ein,
die den Interessen
jugendlicher Lerner
entgegenkommen und
ihre Neugierde wecken.

Im **ersten Teil** des Buches wird der Lerner an den Umgang mit Lesetexten
herangeführt und mit Lesestrategien vertraut gemacht.

Im **zweiten Teil** wird der Wortschatz bedeutend erweitert, aber die Texte
sind immer noch relativ kurz, damit sie ohne Motivationsverlust bearbeitet
werden können.

Im **dritten Teil** wird an komplexeren Texten gearbeitet.

Hueber – Sprachen der Welt